Paleolična kuhinja 2023, nazaj k naravi

Zdrava in okusna prehrana z recepti iz prave hrane

Aleš Jenko

Kazalo

PEACE

SUHO ŠKOTSKO ČEŠNJEVO ŽAJBLJEVO JAJCE

DOMAČA NALOGA:Pečeno 20 minut: 35 minut Dobitek: 4 porcije

TA KLASIČNI BRITANSKI PUB PRIGRIZEKPOMENI POPOLN PALEO ZAJTRK. ČE TRDO KUHANA JAJCA PRIPRAVITE VNAPREJ, SE TA RECEPT ZELO HITRO OBNESE, POLEG TEGA PA SE JIH LAŽJE OLUPI. ČE V HLADILNIKU HRANITE SKLEDO TRDO KUHANIH JAJC, JE ODLIČNA IDEJA ZA HITER ZAJTRK IN MALICO.

1 funt puste svinjine

½ skodelice posušenih narezanih češenj brez dodanega sladkorja

2 žlici svežega žajblja, narezanega na trakove

1 žlica svežega majarona, narezanega na trakove

1 čajna žlička sveže mletega črnega popra

¼ žličke sveže mletega muškatnega oreščka

⅛ čajne žličke mletih nageljnovih žbic

4 velika trdo kuhana jajca, ohlajena in olupljena*

½ skodelice mandljeve moke

1 čajna žlička posušenega žajblja, zdrobljenega

½ čajne žličke zdrobljenega posušenega majarona

2 žlici ekstra deviškega oljčnega olja

Dijonska gorčica (glejrecept)

1. Pečico segrejte na 375 ° F. Pekač obložite s pergamentnim papirjem ali aluminijasto folijo; dati na stran. V veliki skledi zmešajte svinjino, češnje, svež žajbelj, svež majaron, poper, muškatni orešček in nageljnove žbice.

2. Svinjsko mešanico oblikujte v štiri enake polpete. V vsak burger dajte jajce. Okrog vsakega jajca oblikujte piškotek. V plitvi posodi ali posodi za pite zmešamo mandljevo moko, posušen žajbelj in posušen majaron. Vsako s klobaso obloženo jajce povaljajte v mešanici mandljeve moke za premaz. Postavite na pripravljen pekač. Pokapljamo z oljčnim oljem.

3. Pečemo 35 do 40 minut oziroma dokler klobasa ni pečena. Postrezite z gorčico po dijonsko.

*Namig: Za kuhanje trdo kuhanih jajc položite jajca v eni plasti v velik lonec. Pokrijte z 1 do 2 cm vode. Zavremo. Pustite vreti 1 minuto. Odstranite z ognja. Pokrijte in pustite stati 12 do 15 minut.

ZREZEK CVETAČE IN JAJCA

DOMAČA NALOGA:20 minut Čas kuhanja: 25 minut Dobitek: 4 porcije

NAREŽEMO DEBELE REZINEGLAVICE CVETAČE ZA PRIPRAVO MOČNIH "ZREZKOV", KI JIH NATO ZLATO ZLATO OCVREMO NA OLJČNEM OLJU IN HRUSTLJAVO ZAPEČEMO, PRELIJEMO S POŠIRANIM JAJCEM IN POSTREŽEMO NA POSTELJICI IZ PRAŽENEGA ČESNOVEGA ZELJA.

1 glava cvetače, brez listov

1½ žličke dimljene začimbe (glejrecept)

5 žlic ekstra deviškega oljčnega olja

4 velika jajca

1 žlica belega ali jabolčnega kisa

2 velika stroka česna, sesekljana

4 skodelice sesekljanega ohrovta

1. Konce stebel cvetače položite na desko za rezanje. Z velikim, ostrim nožem narežite cvetačo na štiri ½-palčne fileje od sredine cvetače in odrežite konce stebla (nekaj cvetače se lahko odlepi; rezervirajte za drugo uporabo).

2. Zrezke na obeh straneh začinimo z 1 žličko dimljene začimbe. V veliki ponvi segrejte 2 žlici oljčnega olja na srednje močnem ognju. Dodajte 2 fileja cvetače. Pecite 4 minute na vsaki strani ali dokler ne postanejo zlato rjave in mehke. Odstranite iz pekača in rahlo pokrijte z aluminijasto folijo. Hraniti na toplem v pečici pri 200°F. Ponovite s preostalima 2 filejema, pri čemer uporabite dodatni 2 žlici oljčnega olja.

3. Za poširanje jajc napolnite ločeno ponev s približno 3 cm vode. Dodamo kis in kuhamo na majhnem ognju. Jajca eno za drugim razbijte v majhno skledo ali ponev in jih nežno potisnite v vrelo vodo. Pustite, da se jajca kuhajo 30 do 45 sekund ali dokler se beljaki ne strdijo. Pogasi ogenj. Pokrito kuhamo 3 do 5 minut, odvisno od tega, kako mehke rumenjake imate radi.

4. Medtem v isti ponvi segrejte preostalo žlico olivnega olja. Dodajte česen in kuhajte 30 sekund do 1 minute. Dodajte ohrovt in ga med mešanjem kuhajte 1 do 2 minuti ali dokler se ne zmehča.

5. Za serviranje ohrovt razdelite na štiri krožnike. Vsako obložite z zrezkom cvetače in kuhanim jajcem. Jajca potresemo s preostalimi ½ čajne žličke dimljenih začimb in takoj postrežemo.

FRITATA IZ PURANA, ŠPINAČE IN ŠPARGLJEV

DOMAČA NALOGA:20 minut za pečenje: 3 minute za pripravo: 2 do 3 porcije

TA ČUDOVITA FRITAJA, POSUTA Z ZELENJEMTO GRE ZELO HITRO SKUPAJ IN JE ODLIČEN NAČIN ZA ZAČETEK ALI KONEC DNEVA. IDEALEN JE ZA HITRO VEČERJO, KO NIMATE ČASA ZA PRIPRAVO BOLJ ZAHTEVNEGA OBROKA. LITOŽELEZNA PONEV NI POTREBNA, VENDAR VAM BO DALA ODLIČNE REZULTATE.

- 2 žlici ekstra deviškega oljčnega olja
- 1 sesekljan strok česna
- 4 unče mletih puranjih prsi
- ¼ do ½ čajne žličke črnega popra
- ½ skodelice svežih špargljev, narezanih na ½ palca dolge kose
- 1 skodelica svežih špinačnih listov, sesekljanih
- 4 velika jajca
- 1 žlica vode
- 2 žlički svežega kopra, narezanega na trakove
- 1 žlica svežega peteršilja, narezanega na trakove

1. Predgrejte žar z rešetko za pečico, ki je 4 cm od grelnega elementa.

2. V srednje segreti ponvi na srednjem ognju segrejte 1 žlico olivnega olja. Dodajte česen; kuhamo in mešamo do zlato rjave barve. Dodajte mleto puranje; potresemo s poprom. Kuhajte in mešajte 3 do 4 minute ali dokler meso ne porjavi

in se skuha, mešajte z leseno žlico, da meso razdrobite. Kuhanega purana prenesite v skledo; dati na stran.

3. Ponev postavite nazaj na kuhalnik; V ponev vlijemo preostalo žlico olivnega olja. Dodamo šparglje; kuhamo in mešamo na srednje močnem ognju, dokler se ne zmehča. Dodamo kuhanega purana in špinačo. Kuhajte 1 minuto.

4. V srednji skledi stepite jajca z vodo in koprom. Jajčno mešanico prelijte čez puranje mešanico v ponvi. Kuhajte in mešajte 1 minuto. Pekač prestavite v pečico in pecite 3 do 4 minute ali dokler se jajca ne strdijo in vrh zlato rjavo zapeče. Potresemo s sesekljanim peteršiljem.

TUNIZIJSKA UMEŠANA JAJCA S PEČENO PAPRIKO IN HARISSO

DOMAČA NALOGA:30 minut praženja: 8 minut počitka: 5 minut kuhanja: 5 minut Izkoristek: 4 porcije

- 1 manjša rdeča paprika
- 1 manjša rumena paprika
- 1 majhna paprika poblano (glvitka)
- 1 žlica ekstra deviškega oljčnega olja
- 6 velikih jajc
- ¼ žličke mletega cimeta
- ½ čajne žličke mlete kumine
- ⅓ skodelice zlatih rozin
- ⅓ skodelice sesekljanega svežega peteršilja
- 1 žlica Harissa (glejrecept)

1. Predgrejte žar z rešetko za pečico, ki je 3 do 4 cm od ognja. Papriko po dolgem prerežemo na pol; odstranite stebla in semena. Polovice paprik z odrezano stranjo navzdol položite na pekač, obložen s peki papirjem. Pečemo na žaru 8 minut oziroma dokler lupina paprike ne počrni. Papriko zavijte v aluminijasto folijo. Pustite, da se ohladi 5 minut. Poberi poper; z ostrim nožem odluščite črno kožo. Papriko narežemo na tanke trakove; dati na stran.

2. V veliki skledi zmešajte jajca, cimet in kumino. Stepajte dokler ni penasto. Dodajte lističe paprike, rozine, peteršilj in harisso.

3. V večji ponvi segrejte olivno olje na zmernem ognju. V ponev dodajte jajčno zmes. Kuhajte 5 do 7 minut ali dokler

jajca niso strjena, vendar še vedno vlažna in sijoča, pogosto mešajte. Postrezite takoj.

SHAKSHUKA JAJCA

ZAČETEK DO KONCA:35 minut pomeni: 4 do 6 obrokov

¼ skodelice ekstra deviškega oljčnega olja

1 velika čebula, razpolovljena in na tanke rezine narezana

1 velika rdeča paprika, narezana na tanke rezine

1 velika oranžna paprika, narezana na tanke rezine

1 čajna žlička mlete kumine

½ žličke dimljene paprike

½ žličke zdrobljene rdeče paprike

4 stroki česna, sesekljani

2 pločevinki po 14,5 unč ekološko nesoljenih na ognju praženih paradižnikov

6 velikih jajc

sveže mlet črni poper

¼ skodelice svežega cilantra, sesekljanega

¼ skodelice natrgane sveže bazilike

1. Pečico segrejte na 400° F. V veliki ponvi, odporni na pečico, segrejte olje na srednjem ognju. Dodajte čebulo in sladko papriko. Kuhajte in mešajte 4 do 5 minut oziroma dokler se zelenjava ne zmehča. Dodamo kumino, papriko, sesekljano rdečo papriko in česen; kuhamo in mešamo 2 minuti.

2. Dodajte paradižnik. Zavremo; zmanjšati vročino. Odkrito dušite približno 10 minut ali dokler se ne zgosti.

3. Jajca razbijte v ponev nad paradižnikovo mešanico. Pekač prestavimo v predhodno ogreto pečico. Pecite nepokrito 7 do 10 minut oziroma dokler se jajca ne strdijo (rumenjaki morajo biti še tekoči).

4. Potresemo s črnim poprom. Okrasite s cilantrom in baziliko; postrezite takoj.

PEČENA JAJCA Z LOSOSOM IN ŠPINAČO

DOMAČA NALOGA:Pečeno 20 minut: 15 minut Dobitek: 4 porcije

1 žlica ekstra deviškega oljčnega olja

1 žlica svežih listov timijana

sveže nariban muškatni oreščček

10 unč listov mlade špinače (paket 6 skodelic)

2 žlici vode

8 unč pečenega ali poširanega lososa

1 čajna žlička drobno naribane limonine lupinice

½ žličke dimljene začimbe (glejrecept)

8 velikih jajc

1. Pečico segrejte na 375 ° F. Notranjost štirih 6- do 8-unčnih ramekinov namažite z oljčnim oljem. Liste timijana enakomerno potresemo med ramekins; potresemo z rahlo nastrganim muškatnim oreščkom. Dati na stran.

2. V srednji ponvi s pokrovom zmešajte špinačo in vodo. Zavremo; Odstranite z ognja. Špinačo dvignite in zvijte s kleščami, dokler se ne zmehča. Špinačo postavite v fino mrežasto cedilo; močno pritisnite, da sprostite odvečno tekočino. Špinačo porazdelite po pripravljenih ramekinah. Med ponvami enakomerno narežite lososa. Lososa potresemo z limonino lupinico in dimljenimi začimbami. V vsak modelček razbijte 2 jajci.

3. Polnjene ramkene položimo v velik pekač. V pekač nalijemo vrelo vodo, dokler ne pride do polovice stranic modelčkov. Pekač previdno položimo v pečico.

4. Pecite 15 do 18 minut oziroma dokler se beljaki ne strdijo. Postrezite takoj.

JAJČNA JUHA S MLADO ČEBULO, GOBAMI IN BOK CHOY

DOMAČA NALOGA:30 minut počitka: 10 minut kuhanja: 5 minut Izkoristek: 4 do 6 obrokov

- 0,5 unče na soncu posušene wakame
- 3 žlice nerafiniranega kokosovega olja
- 2 sesekljani šalotki
- 1 2-palčni kos svežega ingverja, olupljen in narezan na zelo tanke trakove v velikosti vžigalice
- 1 zvezdasti janež
- 1 funt shiitake gob, obrezanih in narezanih
- 1 čajna žlička petih začimb v prahu
- ¼ žličke črnega popra
- 8 skodelic goveje kostne juhe (glejrecept) ali nesoljeno govejo juho
- ¼ skodelice svežega limoninega soka
- 3 velika jajca
- 6 mladih čebulic, narezanih na tanke rezine
- 2 glavi baby bok choya, narezana na ¼ palca debele rezine

1. V srednje veliki skledi pokrijte wakame z vročo vodo. Pustite 10 minut ali dokler ni gladka in elastična. Dobro odcedite; dobro sperite in ponovno sperite. Narežite wakame trakove na 1-palčne kose; dati na stran.

2. V velikem loncu na zmernem ognju segrejte kokosovo olje. Dodamo šalotko, ingver in zvezdasti janež. Kuhajte in mešajte približno 2 minuti ali dokler šalotka ne postekleni. Dodajte gobe; kuhamo in mešamo 2 minuti. Čez gobe potresemo pet

začimb v prahu in poper; kuhamo in mešamo 1 minuto. Dodajte prihranjen wakame, juho iz govejih kosti in limonin sok. Zavremo.

3. V majhni skledi stepite jajca. Stepena jajca nakapljajte v vrelo juho in juho mešajte v obliki osmice. Juho odstavimo z ognja. Dodamo drobnjak. Bok choy razdelite v velike segrete sklede. Juho postrežemo v skledicah; postrezite takoj.

PERZIJSKA SLADKA OMLETA

ZAČETEK DO KONCA:30 minutni izkupiček: 4 porcije

- 6 velikih jajc
- ½ čajne žličke mletega cimeta
- ¼ žličke mletega kardamoma
- ¼ čajne žličke mletega koriandra
- 1 čajna žlička drobno naribane pomarančne lupinice
- ½ žličke čistega vanilijevega ekstrakta
- 1 žlica rafiniranega kokosovega olja
- ⅔ skodelice surovih indijskih oreščkov, grobo sesekljanih in opečenih
- ⅔ skodelice surovih mandljev, grobo sesekljanih in opečenih
- ⅔ skodelice izdolbenih, sesekljanih datljev Medjool
- ½ skodelice surovega naribanega kokosa

1. V srednji skledi zmešajte jajca, cimet, kardamom, koriander, pomarančno lupinico in ekstrakt vanilije, dokler ne nastane pena; dati na stran.

2. V veliki ponvi na srednje močnem ognju segrejte kokosovo olje, dokler ne začne vreti kapljica vode na sredini ponve. Dodajte jajčno mešanico; zmanjšajte toploto na srednjo.

3. Pustite, da jajca vrejo, dokler se ne začnejo strjevati ob robovih ponve. S toplotno odporno lopatico nežno potisnite en rob jajčne mešanice proti sredini ponve, medtem ko ponev nagnete, da preostala tekoča jajčna zmes steče pod njo. Postopek ponavljamo ob robovih ponve, dokler ni tekočina skoraj kuhana, jajca pa so še vlažna in sijoča. Zrahljajte

robove tortilje z lopatko; Tortiljo previdno potisnite iz pekača in položite na servirni krožnik.

4. Čez tortiljo potresemo indijske oreščke, mandlje, datlje in kokos. Postrezite takoj.

CHAWANMUSHI S KOZICAMI IN RAKOVICAMI

DOMAČA NALOGA:Kuhanje 30 minut: Ohlajanje 30 minut: 30 minut Dobitek: 4 porcije

"CHAWANMUSHI" DOBESEDNO POMENI "SKODELICA KUHANEGA ČAJA"KI SE NANAŠA NA TO, KAKO SE TA JAPONSKA JAJČNA KREMA TRADICIONALNO KUHA, POPARJENA V SKODELICI ČAJA. KREMNO IN OKUSNO JED LAHKO POSTREŽEMO TOPLO ALI HLADNO. NEKAJ KUHARSKIH ZANIMIVOSTI: TO JE ENA REDKIH JAPONSKIH JEDI, KI SE JEDO Z ŽLICO.

2 unči svežih ali zamrznjenih kozic, olupljenih, brez rezin in narezanih

1½ unče svežega ali zamrznjenega rakovega mesa Snow ali Dungeness*

2½ skodelice piščančje kostne juhe (glejrecept), goveja kostna juha (glejrecept), ali nesoljeno piščančjo ali govejo juho, ohlajeno

⅔ skodelice shiitake gob, obrezanih in narezanih

1 1-palčni kos svežega ingverja, olupljen in narezan na tanke rezine

⅛ čajne žličke petih začimb v prahu brez soli

3 velika jajca, pretepena

⅓ skodelice majhnih kock narezanih bučk

2 žlici svežega koriandra, narezanega na trakove

1. Odmrznite kozice in rake, če so zamrznjeni. Izperite kozice in rakovice; posušite s papirnato brisačo. Dati na stran. V majhnem loncu zavrite 1½ skodelice juhe, ⅓ skodelice sesekljanih gob šitake, ingver in pet začimb v prahu;

zmanjšati vročino. Počasi kuhajte, dokler se ne zmanjša na 1 skodelico, približno 15 minut. Odstavite lonec z ognja. Dodajte še eno skodelico juhe; Pustite, da se ohladi na sobno temperaturo, približno 20 minut.

2. Ko je juha popolnoma hladna, nežno stepite jajca in vmešajte čim manj zraka. Mešanico precedite v skledo skozi sito z drobno mrežico; odstraniti trdne snovi.

3. Razdelite kozice, rakovice, bučke, cilantro in preostalo ⅓ skodelice gob med štiri 8- do 10-unčne ramekine ali skodelice. Razdelite jajčno mešanico med ramekine, tako da vsako polovico napolnite do treh četrtin; dati na stran.

4. Napolnite zelo velik lonec z 1½ palca vode. Pokrijte in zavrite. Zmanjšajte toploto na srednje nizko. V lonec postavite štiri modelčke. Previdno nalijte toliko vrele vode, da doseže polovico sten ponve. Modele narahlo pokrijte z aluminijasto folijo. Lonec pokrijemo s pokrovom, ki se tesno prilega, in pustimo kuhati na pari približno 15 minut oziroma dokler se umešana jajca ne strdijo. Pečenost kreme preverite z zobotrebcem v sredino kreme. Ko juha izteče, je pripravljena. Previdno odstranite kalupe. Pred serviranjem naj se ohladi 10 minut. Postrežemo toplo ali hladno.

Opomba: Preden začnete z receptom, poiščite velik lonec s tesno prilegajočim se pokrovom, v katerem lahko štiri ramekine ali skodelice stojijo pokonci. Ko so skodelice notri, poiščite čisto krpo iz 100 % bombaža ali kuhinjsko brisačo, ki bo pokrila vrh skodelic, ne da bi ovirala pokrov.

*Nasvet: Za 1½ unče rakovega mesa potrebujete 4 unče rakovice v lupini.

Namig: gobe in začimbe aromatizirajo juho v 1. koraku. Za hitro različico uporabite 2 skodelici juhe in začnite z 2. korakom, pri čemer izpustite ingver, 5 začimb v prahu in ⅓ skodelice šitak. Jajčne mešanice ni treba precediti.

PIŠČANČJA KLOBASA HASH

DOMAČA NALOGA:20 minut kuhanja: 15 minut donos: 4 do 6 obrokov

ČEPRAV JE TA OKUSEN HAŠIŠ POPOLNSLASTNO ŽE SAMO PO SEBI, SVEŽA JAJCA RAZDROBITE NA REZINE IN JIH PUSTITE KUHATI, DOKLER NISO RAHLO ČVRSTA, DA SE RUMENJAK ZMEŠA Z MESOM, ZARADI ČESAR JE ŠE POSEBEJ OKUSNO.

- 2 funta mletega piščanca
- 1 čajna žlička posušenega timijana
- 1 čajna žlička posušenega žajblja
- ½ čajne žličke posušenega rožmarina
- ¼ žličke črnega popra
- 2 žlici ekstra deviškega oljčnega olja
- 2 skodelici sesekljane čebule
- 1 žlica sesekljanega česna
- 1 skodelica sesekljane zelene paprike
- 1 skodelica narezane rdeče ali zlate pese
- ½ skodelice piščančje kostne juhe (glejrecept) ali nesoljene piščančje juhe

1. V veliki skledi zmešajte piščanca, timijan, žajbelj, rožmarin in črni poper ter premešajte z rokami, da se začimbe enakomerno porazdelijo po mesu.

2. V veliki ponvi segrejte 1 žlico olja na srednje močnem ognju. Dodajte piščanca; kuhajte približno 8 minut ali dokler rahlo ne porjavi, mešajte z leseno žlico, da razdrobite meso. Z žlico z režami odstranite meso iz ponve; dati na stran.

Odcedite maščobo iz ponve. Ponev osušite s čisto papirnato brisačo.

3. V isti ponvi na zmernem ognju segrejte preostalo 1 žlico olja. Dodajte čebulo in česen; kuhamo približno 3 minute oziroma dokler se čebula ne zmehča. Mešanici čebule dodajte papriko in narezano peso; kuhajte 4 do 5 minut ali dokler se zelenjava ne zmehča, občasno premešajte. Dodajte prihranjeno piščančjo mešanico in juho iz piščančjih kosti. Vročina.

Nasvet: Če želite, štirikrat povlecite zgoščeno vrednost; V vsako jamico razbijte jajce. Pokrijte in kuhajte na zmernem ognju, dokler se jajca ne skuhajo.

GOVEJI ZREZEK NA KUBANSKI NAČIN

ZAČETEK DO KONCA:30 minutni izkupiček: 4 porcije

OSTANKI PRSI SO ODLIČNI ZA UPORABOV TEM RECEPTU. POSKUSITE, KO BOSTE UŽIVALI V MEHIŠKIH POHANIH PRSIH Z MANGOM, DŽIKAMO, ČILIJEM IN SOLATO IZ PRAŽENIH BUČNIH SEMEN (GLEJTERECEPT) ALI ZAVITEK IZ RIMSKE SOLATE Z NARIBANIMI GOVEJIMI PRSI IN SVEŽIM RDEČIM ČILIJEM HARISSA (GLEJTERECEPT) ZA VEČERJO.

1 šopek zelenjave ali 4 skodelice rahlo polnjene surove špinače

2 žlici ekstra deviškega oljčnega olja

½ skodelice sesekljane čebule

2 srednji sladki zeleni papriki, narezani na trakove

2 žlički posušenega origana

½ čajne žličke mlete kumine

½ čajne žličke mletega koriandra

½ žličke dimljene paprike

3 stroke česna sesekljane

2 unči kuhane govedine, narezane na koščke

1 čajna žlička drobno naribane pomarančne lupinice

⅓ skodelice svežega pomarančnega soka

1 skodelica češnjevih paradižnikov, prerezanih na pol

1 žlica svežega limoninega soka

1 zrel avokado, brez pečk, olupljen in narezan na rezine

1. Odstranite in zavrzite debela stebla zelenja. Liste narežemo na majhne koščke; dati na stran.

2. V zelo veliki ponvi segrejte olivno olje na zmernem ognju. Dodamo čebulo in papriko; kuhajte 3 do 5 minut ali dokler se zelenjava ne zmehča. Dodamo origano, kumino, koriander, dimljeno papriko in česen; dobro premešamo. Dodamo narezano meso, pomarančno lupinico in pomarančni sok; premešajte, da se združi. Dodajte zelenjavo in paradižnik. Pokrito kuhajte 5 minut ali dokler se paradižnik ne začne strjevati in zelje ni mehko. Potresemo z limoninim sokom. Postrezite z narezanim avokadom.

FRANCOSKA PONEV ZA POLPETE

DOMAČA NALOGA:40 minut kuhanja: 10 minut počitka: 2 minuti Izkoristek: 4 do 6 obrokov

PRIMERNO JE JESTI KUHANEGA PIŠČANCAV HLADILNIKU, DA BO ZAJTRK, BOGAT Z BELJAKOVINAMI, PRIPRAVLJEN VELIKO HITREJE. NE GLEDE NA TO, ALI GRE ZA OSTANKE OCVRTEGA PIŠČANCA Z LIMONO IN ŽAFRANOM (GLEJTERECEPT) ALI SAMO PEČENEGA PIŠČANCA, KI GA PRIPRAVIŠ POSEBEJ ZA TOVRSTNE JEDI, JE SUPER IMETI PRI ROKI.

1 embalaža po 0,5 unče posušenih gob lisičk

8 unč svežih špargljev

2 žlici olivnega olja

1 srednja čebulica koromača, brez jedra in narezana na tanke rezine

⅔ skodelice sesekljanega pora, samo beli in svetlo zeleni deli

1 žlica provansalskih zelišč

3 skodelice na kocke narezanega kuhanega piščanca

1 skodelica narezanih paradižnikov brez semen

¼ skodelice piščančje kostne juhe (glejrecept) ali nesoljene piščančje juhe

¼ skodelice suhega belega vina

2 žlički drobno naribane limonine lupinice

4 skodelice rdečih ali mavričnih listov blitve, grobo narezanih

¼ skodelice sesekljane sveže bazilike

2 žlici sesekljane sveže mete

1. Rehidrirajte posušene gobe v skladu z navodili na embalaži; odcediti Ponovno sperite in odcedite; dati na stran.

2. Medtem ločite in zavrzite olesenele konce špargljev. Po želji postrgamo luske. Šparglje narežite na 2-palčne kose. V velikem loncu kuhajte šparglje v vreli vodi 3 minute ali dokler ne postanejo hrustljavi; odcediti Takoj potopite v ledeno vodo, da ustavite kuhanje; dati na stran.

3. V zelo veliki ponvi segrejte olje na srednjem ognju. Dodajte koromač, por in provansalska zelišča; kuhajte 5 minut ali samo toliko časa, da koromač začne rjaveti, občasno premešajte. Dodajte rehidrirane gobe, šparglje, piščanca, paradižnik, juho iz piščančjih kosti, vino in limonino lupinico. Zavremo. Pokrijte in zmanjšajte toploto na nizko. Dušimo 5 minut oziroma dokler se koromač in šparglji ne zmehčajo, paradižniki pa sočni. Odstranite z ognja. Dodamo blitvo in dušimo 2 minuti ali dokler se ne zmehča. Potresemo z baziliko in meto.

POSTRV S SLADKIM KROMPIRJEM ZELO REDKA

DOMAČA NALOGA:Pečemo 35 minut: kuhamo 6 minut: 1 minuto na serijo krompirja. Dobitek: 4 porcije

TUDI ČE NISI UJEL POSTRVINA GORSKEM POTOKU SE BOSTE OB TEJ JEDI POČUTILI KOT DA UŽIVATE V "ZAJTRKU NA PLAŽI" OB GOREČEM TABORNEM OGNJU.

4 6-unčni sveži ali zamrznjeni fileji postrvi brez kože, debeline ¼ do ½ palca

1½ žličke dimljene začimbe (glejrecept)

¼ do ½ čajne žličke črnega popra (neobvezno)

3 žlice rafiniranega kokosovega olja

1½ funta belega ali rumenega sladkega krompirja, olupljenega

Rafinirano kokosovo olje za cvrtje *

sesekljan svež peteršilj

Sesekljan drobnjak

1. Pečico segrejte na 400° F. Odmrznite ribe, če so zamrznjene. Izperite ribe; posušite s papirnato brisačo. Fileje potresemo s Smoky Seasonom in po želji popopramo. V zelo veliki ponvi, odporni na pečico, segrejte 2 žlici olja na srednje močnem ognju. Fileje položite v ponev in jih nepokrite pecite 6 do 8 minut ali dokler se ribe ne začnejo luščiti, ko jih preizkusite z vilicami. Odstranite iz pečice.

2. Medtem sladki krompir po dolžini narežite na dolge, tanke trakove z lupilcem za Julienne ali mandolino z rezalnikom za Julienne. Trakove krompirja zavijte v dvojno debelo papirnato brisačo in popivnajte odvečno vodo.

3. V velikem loncu s stranicami, visokimi vsaj 8 palcev, segrejte 2 do 3 centimetre rafiniranega kokosovega olja na 365° F. Previdno dodajte krompir, četrtino naenkrat, v vroče olje. (Olje bo v loncu naraslo.) Pražite 1 do 3 minute na serijo ali dokler ne začne rjaveti, pri čemer enkrat ali dvakrat premešajte. Krompir na hitro poberemo z dolgo žlico in ga odcedimo na papirnati brisači. (Krompir se lahko prehitro skuha, zato ga preverjajte zgodaj in pogosto.) Ne pozabite ponovno segreti olja na 365 °F, preden dodate vsako serijo krompirja.

4. Postrvi potresemo s peteršiljem in mlado čebulo; postrezite z rezinami sladkega krompirja.

*Nasvet: Potrebovali boste dve do tri posode s kokosovim oljem po 29 unč, da boste imeli dovolj olja za cvrtje.

LOSOSOVE EMPANADE S PARADIŽNIKOVO IN MANGOVO OMAKO, KUHANIMI JAJCI IN BUČKINIMI PENTLJAMI

DOMAČA NALOGA:Hlajenje 25 minut: Kuhanje 30 minut: 16 minut Dobitek: 4 porcije

TO MORDA NI ZAJTRKZA DELO MED TEDNOM ZJUTRAJ, VENDAR JE ODLIČEN IN POPOLNOMA OKUSEN VIKEND ZAJTRK ZA PRIJATELJE ALI DRUŽINO

10 unč kuhanega lososa *
2 beljaka
½ skodelice mandljeve moke
⅓ skodelice naribanega sladkega krompirja
2 žlici drobno sesekljanega drobnjaka
2 žlici svežega koriandra, narezanega na trakove
2 žlici Chipotle Paleo Mayo (glejterecept)
1 žlica svežega limoninega soka
1 čajna žlička mehiške začimbe (glejrecept)
Črni poper
4 žlice oljčnega olja
1 recept za bučkine trakove (glejrecept, Spodaj)
4 kuhana jajca (glejRecept za cvetačni zrezek in jajca)
Tomatillo-mangova omaka (glejrecept, Spodaj)
1 zrel avokado, olupljen, brez semen in narezan na rezine

1. Za lososovo pito kuhanega lososa v veliki skledi z vilicami natrgajte na majhne koščke. Dodajte jajčne beljake, mandljevo moko, sladki krompir, rdečo čebulo, cilantro, Chipotle Paleo Mayo, limetin sok, mehiške začimbe in poper

po okusu. Rahlo premešajte, da se združi. Zmes razdelite na osem delov; vsako rezino oblikujte v pleskavico. Burgerje polagamo na pekač obložen s papirjem za peko. Pokrijte in ohladite vsaj 30 minut pred pečenjem. (Torto lahko ohladite 1 dan pred serviranjem.)

2. Pečico segrejte na 300 °F. V veliki ponvi proti prijemanju na srednje močnem ognju segrejte 2 žlici olivnega olja. Dodajte polovico kolačev v ponev; kuhajte približno 8 minut ali dokler ne postanejo zlato rjave barve, pri čemer pecivo na polovici kuhanja obrnite. Piškote prestavimo na drug pekač, obložen s pergamentnim papirjem, in jih pustimo na toplem v pečici. Na preostalih 2 žlicah olja popecite preostale piškote po navodilih.

3. Za serviranje na vsakega od štirih servirnih krožnikov vgnezdite trakove bučk. Vsako obložite z 2 kolačema lososa, trdo kuhanim jajcem, nekaj tomatillo-mangove omake in rezinami avokada.

Trakovi iz bučk: odrežite konce 2 bučk. Z lupilcem za mandolino ali zelenjavo obrijte dolge trakove vsake bučke. (Če želite, da trakovi ostanejo nedotaknjeni, prenehajte z britjem, ko pridete do sredine semena v sredini buče.) V veliki ponvi segrejte 1 žlico oljčnega olja na srednje močnem ognju. Dodajte bučke in ⅛ čajne žličke mlete kumine; kuhajte 2 do 3 minute ali dokler niso hrustljavi, s kleščami nežno premetavajte trakove za enakomerno kuhanje. Potresemo z limoninim sokom.

Tomatillo-mango omaka: Pečico segrejte na 450° F. Olupite in prepolovite 8 paradižnikov. Na pekač položite paradižnik; 1 skodelica sesekljane čebule; 1 svež jalapeño, sesekljan in brez semen; in 2 olupljena stroka česna. Pokapajte z 1 žlico oljčnega olja; vreči nositi. Zelenjavo pečemo na žaru približno 15 minut oziroma dokler se ne začne zmehčati in porjaveti. Pustite, da se ohladi 10 minut. Zelenjavo in sok prenesite v predelovalec hrane. Dodajte ¾ skodelice olupljenega in sesekljanega manga in ¼ skodelice svežega cilantra. Pokrijte in pritisnite, da se grobo naseklja. Prenesite omako v skledo; dodajte še ¾ skodelice olupljenega in sesekljanega manga. (Salso lahko pripravite 1 dan vnaprej in jo ohladite. Pred serviranjem pustite, da se segreje na sobno temperaturo.)

*Nasvet: Za kuhanega lososa segrejte pečico na 425 °F. Fileje lososa s 8 unčami položite na pekač, obložen s pergamentom. Pecite 6 do 8 minut za vsak ½ palca debeline ribe ali dokler se riba pri preizkušanju z vilicami zlahka ne lušči.

JABOLKA IN LANENI JACKS

ZAČETEK DO KONCA:30 minutni izkupiček: 4 porcije

TE POLPETE BREZ MOKE SO HRUSTLJAVEZUNAJ IN NEŽNO ZNOTRAJ. NAREJENI IZ NARIBANIH JABOLK IN LE MALO LANENEGA ZDROBA TER JAJC, DA JIH POVEŽEJO SKUPAJ, SO ZAJTRK, KI GA BODO JEDLI OTROCI (IN TUDI ODRASLI).

- 4 velika jajca, rahlo stepena
- 2 veliki jabolki, neolupljeni, brez peščic in drobno naribani
- ½ skodelice lanenega moka
- ¼ skodelice drobno sesekljanih orehov ali pecan orehov
- 2 žlički drobno naribane pomarančne lupinice
- 1 čajna žlička čistega vanilijevega ekstrakta
- 1 žlička mletega kardamoma ali cimeta
- 3 žlice nerafiniranega kokosovega olja
- ½ skodelice mandljevega masla
- 2 žlički drobno naribane pomarančne lupinice
- ¼ žličke mletega kardamoma ali cimeta

1. V veliki skledi zmešajte jajca, naribana jabolka, laneno moko, orehe, pomarančno lupinico, vanilijo in 1 čajno žličko kardamoma. Mešajte, dokler se dobro ne poveže. Testo pustimo počivati 5 do 10 minut, da se zgosti.

2. V ponvi ali ponvi stopite 1 žlico kokosovega olja na zmernem ognju. Za vsako jabolčno-laneno jabolko položite približno ⅓ skodelice testa v pekač in ga rahlo razporedite. Pečemo na zmernem ognju 3 do 4 minute na vsaki strani oziroma dokler polpeti niso zlato rjavi.

3. Medtem v majhni posodi, primerni za mikrovalovno pečico, segrejte mandljevo maslo na majhnem ognju, dokler ni primerno za mazanje. Postrezite na vrhu Apple Heartjacka in potresite s pomarančno lupinico in dodatnim kardamomom.

PALEO ORANŽNA INGVERJEVA GRANOLA

DOMAČA NALOGA:Kuhajte 15 minut: pustite 5 minut: pecite 4 minute: ohladite 27 minut: 30 minut Dobitek: 8 porcij (½ skodelice)

TA HRUSTLJAVA "ZRNA" IZ OREŠČKOV IN SUHEGA SADJAOKUSNO JE, ČE GA PRELIJETE Z MANDLJEVIM ALI KOKOSOVIM MLEKOM IN GA JESTE Z ŽLICO, JE PA TUDI ODLIČEN ZAJTRK ALI SUH PRIGRIZEK NA POTI.

⅔ skodelice svežega pomarančnega soka

1 ½ palca svežega ingverja, olupljenega in na tanke rezine narezanega

1 čajna žlička listov zelenega čaja

2 žlici nerafiniranega kokosovega olja

1 skodelica grobo sesekljanih surovih mandljev

1 skodelica surovih orehov makadamije

1 skodelica surovih pistacij

½ skodelice nesladkanih kokosovih kosmičev

¼ skodelice sesekljanih nesladkanih suhih marelic brez žvepla

2 žlici sesekljanih posušenih fig brez žvepla in sladkorja

2 žlici zlatih rozin brez sladkorja in žvepla

Nesladkano mandljevo ali kokosovo mleko

1. Pečico segrejte na 325° F. V majhni ponvi zavrite pomarančni sok. Dodajte rezine ingverja. Nežno kuhajte, odkrito, približno 5 minut ali dokler se ne zmanjša na približno ⅓ skodelice. Odstranite z ognja; dodajte liste zelenega čaja. Pokrijte in pustite stati 4 minute. Mešanico

pomarančnega soka precedite skozi fino mrežasto cedilo. Zavrzite čajne liste in rezine ingverja. Mešanici vročega pomarančnega soka dodajte kokosovo olje in mešajte, dokler se ne stopi. V veliki skledi zmešajte mandlje, makadamije in pistacije. Dodajte mešanico pomarančnega soka; vreči nositi. Enakomerno razporedite po velikem pekaču.

2. Pecite nepokrito 15 minut, polovico časa pečenja premešajte. Dodajte kokosove kosmiče; Zmes premešamo in enakomerno porazdelimo. Pecite 12 do 15 minut dlje ali dokler oreščki niso praženi in zlato rjavi, enkrat premešajte. Dodajte marelice, fige in rozine; mešajte, dokler se dobro ne združi. Granolo razporedite na velik kos folije ali pekač s čistimi robovi; popolnoma ohladi. Postrezite z mandljevim ali kokosovim mlekom.

Shranjevanje: granolo postavite v nepredušno posodo; lahko hranite pri sobni temperaturi do 2 tedna ali v zamrzovalniku do 3 mesece.

PEČENE BRESKVE IN JAGODIČEVJE S HRUSTLJAVIM KOKOSOM IN POPEČENIMI MANDLJI

DOMAČA NALOGA:20 minut Peka: 1 ura Kuhanje: 10 minut
Izkoristek: 4 do 6 obrokov

PRIHRANITE TO ZA SEZONO BRESKEV— OBIČAJNO KONEC JULIJA, AVGUSTA IN ZAČETEK SEPTEMBRA V VEČJEM DELU DRŽAVE — KO SO BRESKVE NAJSLAJŠE IN NAJSOČNEJŠE. TO JE ČUDOVIT ZAJTRK, LAHKO PA GA UŽIVATE TUDI KOT SLADICO.

6 zrelih breskev
½ skodelice nesladkanih posušenih breskev brez žvepla, drobno narezanih*
¾ skodelice svežega pomarančnega soka
¼ skodelice nerafiniranega kokosovega olja
½ čajne žličke mletega cimeta
1 skodelica nesladkanih kokosovih kosmičev
1 skodelica grobo sesekljanih surovih mandljev
¼ skodelice nesoljenih sončničnih semen
1 žlica svežega limoninega soka
1 strok vanilje, razrežite in postrgajte semena
1 skodelica grobo sesekljanih malin, borovnic, robid in/ali jagod

1. V velikem loncu segrejte 8 skodelic vode. Na dnu vsake breskve z ostrim nožem zarežite plitek X. Breskvi, po dve naenkrat, potopite v vrelo vodo za 30 do 60 sekund ali dokler lupine ne začnejo cepiti. Z žlico prenesite breskve v veliko skledo z ledeno vodo. Ko je dovolj ohlajen za rokovanje, z

nožem ali prsti odluščite kožo; zavrzite kože. Breskve narežemo na kolesca, koščice pa zavržemo; dati na stran.

2. Pečico segrejte na 250° F. Velik pekač obložite s pergamentnim papirjem. V kuhinjskem robotu ali mešalniku zmešajte 1 skodelico rezin breskev, posušene breskve, ¼ skodelice pomarančnega soka, kokosovo olje in cimet. Pokrijte in obdelajte ali mešajte, dokler ni gladka; dati na stran.

3. V veliki skledi zmešajte kokosove kosmiče, mandlje in sončnična semena. Dodajte mešanico breskovega pireja. Premešajte na plašč. Mešanico pekanov prenesite na pripravljen pekač in enakomerno porazdelite. Pecite 60 do 75 minut oziroma dokler niso suhi in hrustljavi, občasno premešajte. (Pazite, da se ne opečete, zmes bo hrustljava, ko se ohladi.)

4. Medtem dajte preostale rezine breskev v srednje veliko ponev. Dodajte ½ skodelice pomarančnega soka, limonin sok in razrezan strok vanilije (s semeni). Na zmernem ognju med občasnim mešanjem zavremo. Zmanjšajte toploto na nizko; dušite nepokrito 10 do 15 minut ali dokler se ne zgosti, občasno premešajte. Odstranimo vanilijev strok. Dodajte jagode. kuhajte 3 do 4 minute ali samo toliko časa, da so jagode tople.

5. Za serviranje položite pečene breskve v sklede. Vsako porcijo potresemo z orehovo mešanico.

*Opomba: Če ne najdete suhih breskev brez žvepla, lahko uporabite ⅓ skodelice sesekljanih suhih marelic brez žvepla.

ENERGIJSKI SMUTIJI Z JAGODAMI IN MANGOM

DOMAČA NALOGA:Kuhajte 15 minut: 30 minut Dobitek: 4 porcije (približno 8 unč)

PESA V TEJ PIJAČI ZA ZAJTRK.DAJE VITAMINSKO IN MINERALNO SPODBUDO TER ČUDOVITO RDEČO BARVO. JAJČNI BELJAK V PRAHU ZAGOTAVLJA BELJAKOVINE IN SE MED MEŠANJEM PIJAČE STEPA ZA LAŽJI, PENAST NAPITEK.

- 1 srednja rdeča pesa, olupljena in na četrtine narezana (približno 4 unče)
- 2½ skodelice svežih olupljenih jagod
- 1½ skodelice zamrznjenih nesladkanih koščkov manga*
- 1¼ skodelice nesladkanega kokosovega mleka ali mandljevega mleka
- ¼ skodelice nesladkanega soka granatnega jabolka
- ¼ skodelice nesoljenega mandljevega masla
- 2 žlički jajčnega beljaka v prahu

1. V srednje veliki ponvi kuhajte peso, pokrito, v majhni količini vrele vode 30 do 40 minut** ali dokler ni zelo mehka. Peso odcedimo; peso prelijemo s hladno vodo, da se hitro ohladi. Dobro odcedite.

2. V mešalniku zmešajte peso, jagode, koščke manga, kokosovo mleko, sok granatnega jabolka in mandljevo maslo. Pokrijte in mešajte, dokler ni gladko, pri čemer se po potrebi ustavite in strgajte po straneh mešalnika. Dodajte beljak v prahu. Pokrijte in mešajte, dokler se ne združi.

*Opomba: Če želite zamrzniti sveže koščke manga, narezane mange položite v eno plast na pekač velikosti 15 x 10 x 1 palec, obložen s papirjem za peko. Rahlo pokrijte in zamrzujte za nekaj ur ali dokler ni zelo čvrsta. Prenesite zamrznjene koščke manga v nepredušno posodo; zamrzniti do 3 mesece.

**Opomba: peso lahko skuhate do 3 dni vnaprej. Pustite, da se pesa popolnoma ohladi. Shranjujte v tesno zaprti posodi v hladilniku.

DATLJEV SMUTI

ZAČETEK DO KONCA:10 minut pomeni: 2 (približno 8 unč) porcij

TO JE PALEO RAZLIČICAKREMASTI DATLJEVI NAPITKI, KI SO OBIČAJNO PRIPRAVLJENI S SLADOLEDOM IN SO V JUŽNI KALIFORNIJI PRILJUBLJENI ŽE OD TRIDESETIH LET PREJŠNJEGA STOLETJA. Z DATLJI, ZAMRZNJENIMI BANANAMI, MANDLJEVIM MASLOM, MANDLJEVIM MLEKOM IN BELJAKOM V PRAHU JE TA RAZLIČICA VSEKAKOR BOLJ HRANLJIVA. ZA ČOKOLADNO RAZLIČICO DODAJTE 1 ŽLICO NESLADKANEGA KAKAVA V PRAHU.

⅓ skodelice narezanih, sesekljanih datljev Medjool

1 skodelica nesladkanega kokosovega ali mandljevega mleka (po želji z vanilijo)

1 zrela banana, zamrznjena in narezana

2 žlici mandljevega masla

1 žlica jajčnega beljaka v prahu

1 žlica nesladkanega kakava v prahu (neobvezno)

½ čajne žličke svežega limoninega soka

⅛ do ¼ čajne žličke mletega muškatnega oreščka*

1. V majhni skledi zmešajte datlje in ½ skodelice vode. Postavite v mikrovalovno pečico 30 sekund ali dokler se datlji ne zmehčajo; odcedite vodo.

2. V mešalniku zmešajte datlje, mandljevo mleko, rezine banane, mandljevo maslo, jajčni beljak v prahu, kakav v prahu (če ga uporabljate), limonin sok in muškatni oreščček. Pokrijte in mešajte, dokler ni gladka.

*Nasvet: če uporabljate kakav v prahu, uporabite ¼ čajne žličke mletega muškatnega oreščka.

JALAPEÑO POPPERS, POLNJEN S CHORIZOM

DOMAČA NALOGA:30 minut peke: 25 minut nazaj: 12 predjedi

OKRAS IZ KORIANDROVE KREME IZ INDIJSKIH OREŠČKOV IN LIMETEOHLADITE OGENJ TEGA PIKANTNEGA PRIGRIZKA. ZA BLAŽJI OKUS ZAMENJAJTE JALAPEÑOS ZA 6 SLADKIH PAPRIK, BREZ SEMEN, BREZ SEMEN IN PREPOLOVLJENIH NAVPIČNO.

- 2 žlički ancho čilija v prahu *
- 1½ čajne žličke zmletega česna brez konzervansov
- 1½ žličke mlete kumine
- ¾ čajne žličke posušenega origana
- ¾ čajne žličke mletega koriandra
- ½ čajne žličke črnega popra
- ¼ žličke mletega cimeta
- ⅛ čajne žličke mletih nageljnovih žbic
- 12 unč svinjine
- 2 žlici rdečega vinskega kisa
- 6 velikih jalapeño paprik, vodoravno prepolovljenih in brez semen** (po možnosti pustite peclje nedotaknjeno)
- ½ skodelice kreme iz indijskih oreščkov (glejterecept)
- 1 žlica drobno sesekljanega svežega koriandra
- 1 čajna žlička drobno naribane limetine lupinice

1. Pečico segrejte na 400°F.

2. Za chorizo v majhni skledi zmešajte čili v prahu, česen, kumino, origano, koriander, črni poper, cimet in nageljnove žbice. Svinjino položite v srednje veliko skledo. Nežno ga razdrobite z rokami. Začimbno mešanico potresemo po svinjini; dodajte kis. Previdno vmešajte v mesno mešanico, dokler se začimbe in kis enakomerno ne porazdelijo.

3. Položite chorizo na polovice jalapeña, enakomerno razdelite in rahlo oblikujte (chorizo se med kuhanjem skrči). Nadevane polovice jalapeña razporedite po velikem pekaču. Pečemo 25 do 30 minut oziroma dokler chorizo ni kuhan.

4. Medtem v manjši skledici zmešajte kremo iz indijskih oreščkov, koriander in limetino lupinico. Nadevane jalapeñose pred serviranjem namažite z mešanico kreme iz indijskih oreščkov.

*Opomba: Če želite, čili v prahu ancho nadomestite z 2 žlicama paprike in ¼ čajne žličke mletega kajenskega lista.

** Nasvet: Chilipipar vsebuje olja, ki lahko opečejo občutljivo kožo, oči in nosno tkivo. Čim bolj se izogibajte neposrednemu stiku z odrezanimi stranicami in semeni čilija. Če se z golimi rokami dotaknete katerega od teh delov paprike, si roke temeljito umijte s toplo vodo z milom.

PEČENI KOŠČKI RDEČE PESE S KANČKOM POMARANČE IN OREHOV

DOMAČA NALOGA:Pečemo 20 minut: Mariniramo 40 minut: 8 ur Dobitek: 12 porcij

OREHOVEGA OLJA NIKOLI NE UPORABLJAJTE ZA KUHANJE.PRI SEGREVANJU JE ZARADI VISOKE KONCENTRACIJE POLINENASIČENIH MAŠČOB DOVZETEN ZA OKSIDACIJO IN RAZGRADNJO, VENDAR JE NARAVNOST ČUDOVIT ZA UPORABO V JEDEH, KI JIH POSTREŽEMO HLADNE ALI PRI SOBNI TEMPERATURI, KOT JE TA.

- 3 velike pese, obrezane in olupljene (približno 1 funt)
- 1 žlica oljčnega olja
- ¼ skodelice orehovega olja
- 1½ žličke drobno naribane pomarančne lupinice
- ¼ skodelice svežega pomarančnega soka
- 2 čajni žlički svežega limoninega soka
- 2 žlici drobno sesekljanih orehov, opečenih*

1. Pečico segrejte na 425° F. Vsako peso narežite na 8 rezin. (Če je pesa manjša, jo narežite na ½-palčne rezine. Skupaj želite približno 24 klinov.) Peso razporedite v 2-četrtinski pekač; pokapljajte z oljčnim oljem in premešajte. Krožnik pokrijemo z aluminijasto folijo. Pokrito pečemo 20 minut. Vmešajte rdečo peso in pražite nepokrito še 20 minut oziroma dokler se rdeča pesa ne zmehča. Naj se malo ohladi.

2. Medtem za marinado v majhni skledi zmešajte orehovo olje, pomarančno lupinico, pomarančni sok in limonin sok.

Peso prelijemo z marinado; pokrijte in ohladite 8 ur ali čez noč. Odcedite marinado.

3. Peso razporedite v servirno skledo in potresite s popečenimi pekani. Postrezite s palčkami.

*Namig: orehe popečemo tako, da jih razporedimo po plitkem pekaču. Pecite v pečici pri 350 °F 5 do 10 minut ali dokler ne postanejo rahlo zlate barve, pri čemer ponev enkrat ali dvakrat stresite. Pazljivo pazite, da se ne zažgejo.

CVETAČNI CMOKI Z ZELIŠČNIM PESTOM IN JAGNJETINO

DOMAČA NALOGA:Kuhajte 45 minut: Pecite 15 minut: 10 minut Dobitek: 6 obrokov

CVETAČNE SKODELICE SO ZELO RAHLE.IN RAZPISI. MORDA BOSTE ŽELELI TE OKUSNE DOBROTE POSTREČI Z VILICAMI, DA LAHKO GOSTJE POJEDO ŠE ZADNJI GRIŽLJAJ IN OHRANIJO VAŠO PREDSTAVITEV NEDOTAKNJENO.

2 žlici rafiniranega kokosovega olja, stopljenega

4 skodelice grobo narezane sveže cvetače

2 veliki jajci

½ skodelice mandljeve moke

¼ žličke črnega popra

4 mlade čebule

12 unč jagnjetine ali svinjine

3 stroke česna sesekljane

12 češnjevih ali grozdnih paradižnikov, narezanih na četrtine

1 žlička sredozemskih začimb (glejrecept)

¾ skodelice svežega cilantra, dobro pakiranega

½ skodelice svežega peteršilja, dobro pakiranega

¼ skodelice drobno sesekljane sveže mete

⅓ skodelice opečenih pinjol (glejvitka)

¼ skodelice olivnega olja

1. Pečico segrejte na 425°F. Dna in stranice dvanajstih 2½-palčnih modelčkov za mafine namažite s kokosovim oljem. Dati na stran. Cvetačo dajte v kuhinjski robot. Pokrijte in mešajte, dokler cvetača ni drobno sesekljana, vendar ne

pretlačena. Veliko ponev napolnite z vodo do globine 1 palca; zavrite. Košaro kuhalnika na pari postavite v ponev nad vodo. Dodajte cvetačo v košaro soparnika. Pokrijte in kuhajte na pari 4 do 5 minut ali dokler se ne zmehča. Odstranite košaro cvetače na pari iz ponve in jo položite na velik krožnik. Cvetačo nekoliko ohladimo.

2. V veliki skledi z metlico rahlo stepemo jajca. Dodamo hladno cvetačo, mandljevo moko in poper. Cvetačno zmes enakomerno vlijemo v pripravljene modelčke za mafine. S prsti in hrbtno stranjo žlice pritisnite cvetačo na dno in navzgor ob straneh skodelice.

3. Pecite cvetačne skodelice 10 do 15 minut ali dokler cvetačne skodelice rahlo ne porjavijo in sredice niso čvrste. Postavite na rešetko, vendar je ne odstranite iz ponve.

4. Medtem na tanke rezine narežite mlado čebulo, pri čemer naj bodo beli spodnji deli ločeni od zelenih vrhov. V veliki ponvi kuhajte jagnjetino, narezano čebulo in česen na srednje močnem ognju, dokler niso kuhani, in mešajte z leseno žlico, da se meso med kuhanjem razdrobi. Odcedite maščobo. Dodamo zelene dele mlade čebule, paradižnik in mediteranske začimbe. Kuhajte in mešajte 1 minuto. Mešanico jagnjetine enakomerno nalijte v skodelice za cvetačo.

5. Za zeliščni pesto v kuhinjskem robotu zmešajte koriander, peteršilj, meto in pinjole. Pokrijte in obdelujte, dokler ni mešanica drobno sesekljana. Ko procesor deluje, počasi dodajajte olje skozi dovodno cev, dokler se mešanica dobro ne premeša.

6. S tankim, ostrim nožem povlecite po robovih skodelic cvetače. Skodelice previdno poberemo iz ponve in jih položimo na servirni krožnik. Cvetačne skodelice prelijemo z zeliščnim pestom.

ŠPINAČNI PRELIV IZ ARTIČOK

ZAČETEK DO KONCA:20 minutni izkupiček: 6 obrokov

ZDI SE, DA SKORAJ VSAKA KATEGORIJANA MIZO VKLJUČITE KAKŠNO RAZLIČICO ŠPINAČE IN POMAKE IZ ARTIČOK, TOPLO ALI HLADNO, KER JO IMAJO LJUDJE RADI. NA ŽALOST KOMERCIALNO PROIZVEDENE RAZLIČICE IN CELO VEČINA DOMAČIH RAZLIČIC NE PRINAŠAJO LJUBEZNI. TA SE.

1 žlica ekstra deviškega oljčnega olja

1 skodelica sesekljane sladke čebule

3 stroke česna sesekljane

1 škatla z 9 unčami zamrznjenih srčkov artičok, odmrznjenih

¾ skodelice Paleo Mayo (glejrecept)

¾ skodelice kreme iz indijskih oreščkov (glejterecept)

½ čajne žličke drobno naribane limonine lupinice

2 čajni žlički svežega limoninega soka

2 žlički dimljene začimbe (glejrecept)

2 škatli po 10 unč zamrznjene sesekljane špinače, odmrznjene in dobro odcejene

Izbira sesekljane zelenjave, kot so kumare, korenje in sladka rdeča paprika

1. V večji ponvi segrejte oljčno olje na zmernem ognju. Dodajte čebulo; kuhajte in mešajte približno 5 minut ali dokler ne postane prosojno. Dodajte česen; kuhamo 1 minuto.

2. Medtem dajte odcejene artičoke v kuhinjski robot, opremljen z rezilom za rezanje/mešanje. Pokrijte in mešajte, dokler ni drobno sesekljan; dati na stran.

3. V majhni skledi zmešajte paleo majo in maslo iz indijskih oreščkov. Dodamo limonino lupinico, limonin sok in dimljene začimbe; dati na stran.

4. Čebulni mešanici v ponvi dodajte sesekljane srčke artičok in špinačo. Dodajte mešanico majoneze; toplote skozi. Postrezite s sesekljano zelenjavo.

AZIJSKE MESNE KROGLICE Z OMAKO IZ ZVEZDASTEGA JANEŽA

DOMAČA NALOGA:30 minut Čas kuhanja: 5 minut na serijo
Izkoristek: 8 obrokov

ZA TA RECEPT BOSTE POTREBOVALISTEBLA IN TRAKOVI 1 ŠOPKA GORČIČNEGA ZELENJA. NAREDITE TO ISTOČASNO, KO PRIPRAVITE GORČIČNO ZELENI KROMPIRČEK S SEZAMOVIMI KOSMIČI (GLEJTERECEPT) ALI PA ZAČNITE Z VELIKO GORČIČNEGA ZELENJA IN SESEKLJAJTE MANJŠE LISTE SKUPAJ S STEBLI IN REBRI ZA MESNE KROGLICE, VEČJE LISTE PA PRIHRANITE ZA PREPRAŽITEV S ČESNOM ZA HITRO PRILOGO.

Stebla in trakovi 1 šopka gorčičnega zelenja

1 6-palčni kos svežega ingverja, olupljen in narezan

12 unč svinjine

12 unč mletega purana (temno in belo meso)

½ čajne žličke črnega popra

4 skodelice juhe iz govejih kosti (glejrecept) ali nesoljeno govejo juho

2 zvezdasti janež

½ skodelice drobno sesekljanega drobnjaka

3 žličke drobno naribane pomarančne lupinice

2 žlici jabolčnega kisa

1 čajna žlička vročega čilijevega olja (glejrecept, spodaj) (neobvezno)

8 listov ohrovta

1 žlica drobno sesekljanega drobnjaka

2 žlički zdrobljene rdeče paprike

1. Stebla in rebra gorčičnih semen grobo sesekljajte; dajte v kuhinjski robot. Pokrijte in obdelajte, dokler ni drobno sesekljan. (Mora imeti 2 skodelici). Postavite v veliko skledo. Narezan ingver položite v kuhinjski robot; pokrijte in obdelajte, dokler se ne sesekljа. V skledo dodajte po ¼ skodelice mletega ingverja, svinjine, mletega purana in črnega popra. Rahlo premešajte, dokler se dobro ne poveže. Mesno mešanico oblikujte v 32 majhnih mesnih kroglic, pri čemer uporabite približno 1 žlico mesne mešanice za vsako mesno kroglico.

2. Za omako iz zvezdastega janeža v srednje veliki ponvi zmešajte 2 žlici prihranjenega mletega ingverja, 2 skodelici juhe iz govejih kosti, 1 zvezdasti janež, ¼ skodelice rdeče čebule, 2 žlički pomarančne lupinice, jabolčni kis in, če želite, Hot Chile Olje. Zavremo; zmanjšati vročino. Pokrito dušite, medtem ko kuhate mesne kroglice.

3. Medtem v drugi srednji ponvi zmešajte preostali 2 žlici mletega ingverja, 2 skodelici juhe, 1 zvezdasti janež, ¼ skodelice čebule in 1 čajno žličko pomarančne lupinice. Zavremo; dodamo toliko mesnih kroglic, kolikor jih bo plavalo v tekočini za kuhanje brez prelivanja. Kuhajte mesne kroglice 5 minut; odstranite s skledo. Kuhane mesne kroglice hranite na toplem v servirni skledi, medtem ko pečete preostale mesne kroglice. Tekočino od kuhanja zavrzite.

4. Odstranite omako za namakanje z ognja. Precedite in zavrzite trdne snovi.

5. Za serviranje položite en zeljni list na krožnik za predjed in na vsak list položite 4 mesne kroglice. Prelijte vročo omako; potresemo z drobnjakom in sesekljano rdečo papriko.

Vroče čilsko olje: v majhni ponvi na srednjem ognju segrejte 2 žlici sončničnega olja; dodajte 2 žlički zdrobljene rdeče paprike in 2 cela posušena čilija. Kuhajte 1 minuto ali samo toliko časa, da čili začnejo cvrčati (ne pustite, da porjavijo, sicer boste morali začeti znova). Dodajte ¾ skodelice sončničnega olja; segrevajte, dokler ni vroče. Odstranite z ognja; Ohladimo na sobno temperaturo. Olje precedite skozi fino mrežasto cedilo; zavrzite čili. Olje hranite v nepredušni posodi ali steklenem kozarcu v hladilniku do 3 tedne.

VRAŽJA JAJCA

ZAČETEK DO KONCA:25 minutni izkupiček: 12 obrokov

ČE IZBERETE VRAŽJA JAJCA Z WASABIJEM,BODITE PREPRIČANI, DA POIŠČETE WASABI V PRAHU, KI VSEBUJE SAMO NARAVNE SESTAVINE, BREZ SOLI IN BREZ UMETNIH BARVIL. WASABI JE KORENINA, KI JO NARIBAMO IN UPORABLJAMO SVEŽO ALI POSUŠENO IN ZMLETO V PRAH. MEDTEM KO JE 100 % WASABI V PRAHU TEŽKO NAJTI ZUNAJ JAPONSKE IN JE ZELO DRAG, OBSTAJAJO PRAŠKI WASABI, KI VSEBUJEJO SAMO WASABI, HREN IN SUHO GORČICO.

6 trdo kuhanih jajc, olupljenih*

¼ skodelice Paleo Mayo (glejrecept)

1 čajna žlička dijonske gorčice (glejrecept)

1 čajna žlička jabolčnega kisa ali belega vinskega kisa

½ čajne žličke črnega popra

Dimljena paprika ali vejice svežega peteršilja

1. Jajca vodoravno prerežite na pol. Odstranite rumenjake in jih položite v srednje veliko skledo. Beljake damo v servirno skledo.

2. Rumenjake pretlačimo z vilicami. Dodajte paleo majo, dijonsko gorčico, kis in črni poper. Dobro premešaj.

3. Rumenjakovo mešanico po žlicah vmešamo v polovico beljakov. Pokrijte in ohladite do serviranja. Okrasite z vejicami popra ali peteršilja.

Wasabi Deviled Egg: Pripravite ga po navodilih, le da izpustite dijonsko gorčico in uporabite ¼ skodelice plus 1 čajno žličko paleo majo. V majhni skledi zmešajte 1 čajno žličko vasabija v prahu in 1 čajno žličko vode, da dobite pasto. Dodajte rumenjakovi zmesi skupaj z ¼ skodelice na tanke rezine narezane čebule. Okrasite z narezanim drobnjakom.

Chipotle Deviled Egg: Pripravite ga po navodilih, le da mešanici rumenjakov dodate ¼ skodelice drobno sesekljanega cilantra, 2 žlici drobno sesekljane rdeče čebule in ½ čajne žličke mlete paprike Chipotle. Potresemo z dodatno mleto papriko.

Avocado-Ranch Deviled Eggs: Paleo majonezo zmanjšajte na 2 žlici in izpustite dijonsko gorčico in kis. V mešanico rumenjakov zmešajte ¼ skodelice pretlačenega avokada, 2 žlici sesekljanega svežega drobnjaka, 1 žlico svežega limoninega soka, 1 žlico sesekljanega peteršilja, 1 čajno žličko sesekljanega kopra, ½ čajne žličke čebule v prahu in ¼ čajne žličke česna v prahu. Okrasimo z drobno narezanim drobnjakom.

*Namig: Za kuhanje trdo kuhanih jajc položite jajca v eni plasti v velik lonec. Pokrijte s hladno vodo za 1 cm. Na močnem ognju zavrite. Odstranite z ognja. Pokrijte in pustite stati 15 minut; odcediti Prelijte jajca s hladno vodo; ponovno odcedite.

PEČENI JAJČEVCI IN ROLADI ROMESCO

DOMAČA NALOGA:45 minut Kruh: 10 minut Peka: 15 minut Naredi: približno 24 mafinov

ROMESCO JE TRADICIONALNA ŠPANSKA OMAKANAREJEN IZ PEČENE RDEČE PAPRIKE, PRETLAČENE S PARADIŽNIKOM, OLJČNIM OLJEM, MANDLJI IN ČESNOM. PO TEM RECEPTU DOBITE PRIBLIŽNO 2½ SKODELICE OMAKE. OSTANKE OMAKE HRANITE V TESNO ZAPRTI POSODI V HLADILNIKU DO 1 TEDNA. UPORABITE GA NA PEČENEM ALI NA ŽARU PEČENEM MESU, PERUTNINI, RIBAH ALI ZELENJAVI.

3 rdeče paprike, prepolovite, odstranite stebla in semena

4 paradižniki Roma brez sredice

1 funt jajčevca, obrezani konci

½ skodelice ekstra deviškega oljčnega olja

1 žlica sredozemskih začimb (glejrecept)

¼ skodelice praženih mandljev (glejvitka)

3 žlice praženega česnovega vinaigreta (glejterecept)

ekstra deviško olivno olje

1. Za omako Romesco predhodno segrejte enolončnico z rešetko za pečico, ki je 4 do 5 palcev od grelnega elementa. Pekač obložite z aluminijasto folijo. Na pripravljen pekač razporedite papriko s prerezano stranjo navzdol in paradižnik. Pečemo na žaru približno 10 minut oziroma dokler lupina ne počrni. Zelju odstranimo pekač in zelenjavo položimo v alu folijo; dati na stran.

2. Zmanjšajte temperaturo pečice na 400 °F. Z mandolino ali rezalnikom jajčevce narežite po dolžini na ¼-palčne rezine.

(Imeti morate med 12 in 14 rezin.) Dva pekača obložite s folijo; Rezine jajčevcev v eni plasti razporedite po pripravljenih pekačih. Obe strani rezin jajčevcev premažite z olivnim oljem; potresemo z mediteranskimi začimbami. Pecite približno 15 minut ali dokler se ne zmehčajo, rezine pa enkrat obrnite. Pečene jajčevce odstavimo, da se ohladijo.

3. V kuhinjskem robotu zmešajte pečeno papriko in paradižnik, mandlje in pečen česnov vinaigrette. Pokrijte in obdelajte, dokler ni gladka, po potrebi dodajte olivno olje, da dobite gladko omako.

4. Vsako pečeno rezino jajčevca namažite s približno 1 čajno žličko romesco omake. Začnite s krajšim delom pečenih rezin jajčevca, vsako rezino zvijte v spiralo in prečno prerežite na pol. Vsak zvitek pritrdite z lesenim zobotrebcem.

PAKETI MESA IN ZELENJAVE

ZAČETEK DO KONCA:15 minutni izkupiček: 6 obrokov (12 zavitkov)

TE HRUSTLJAVE ŽEMLJE SO ŠE POSEBEJ DOBRENAREJENO IZ OSTANKOV POČASI PEČENEGA GOVEJEGA FILEJA (GLEJRECEPT). OHLAJANJE MESA PRED REZANJEM POMAGA, DA SE BOLJ ČISTO REŽE, TAKO DA DOBITE NAJTANJŠE MOŽNE REZINE.

- 1 majhna rdeča paprika, ki ji odstranimo stebla, prepolovimo in odstranimo semena
- 2 3-palčna kosa angleške kumare, prepolovljena po dolžini in izrezana sredica
- 2 3-palčna kosa korenja, olupljena
- ½ skodelice kalčkov redkvice daikon
- 1 funt ostankov pečene govedine ali drugih ostankov pečenke, ohlajeno
- 1 avokado, olupljen, brez pečk in narezan na 12 rezin
- Chimichurri omaka (glejrecept)

1. Rdečo papriko, kumaro in korenček narežite na dolge kose v velikosti vžigalice.

2. Govejo pečenko narežemo na tanke rezine (potrebujemo 12 rezin). Po potrebi narežite rezine, da naredite približno 4 x 2 palca velike kose. Za vsak zavitek na čisto in suho delovno površino položite 4 rezine mesa v eni plasti. V središču vsakega kosa je rezina zelene, kos rdeče paprike, kos kumare, kos korenja in nekaj kalčkov. Čez zelenjavo zvrnemo meso. Zavitek položimo na pladenj, stranice zašijemo navzdol (po potrebi zavitek pritrdimo z zobotrebci). Ponovite dvakrat, da

skupaj naredite 12 krogov. Postrezite z omako chimichurri za namakanje.

KOŠČKI POKROVAČE IN AVOKADO ESCAROLE

ZAČETEK DO KONCA:Pred 25 minutami: 24 prigrizkov

IZ LISTOV ENDIVIJE SO ODLIČNI ŽLIČNIKIUŽIVANJE VSEH VRST NADEVOV BREZ VILIC. TUKAJ IMAJO CITRUSNI AVOKADO IN SLADKO PAPRIKO, OBLOŽENE S HITRO KUHANIMI POKROVAČAMI CAJUN. REZULTAT JE KREMAST IN HRUSTLJAV, SVEŽ IN PEKOČ.

- 1 funt svežih ali zamrznjenih pokrovač
- 1 do 2 čajni žlički začimbe cajun (glejterecept)
- 24 srednje velikih do velikih listov eskarole (3 do 4 glave endivije) *
- 1 zrel avokado, olupljen, brez semen in narezan
- 1 rdeča ali oranžna paprika, drobno sesekljana
- 2 sesekljani zeleni čebuli
- 2 žlici svetlega vinaigrette iz citrusov (glejterecept) ali svež limonin sok
- 1 žlica ekstra deviškega oljčnega olja

1. Odmrznite pokrovače, če so zamrznjene. Pokrovače oplaknemo in osušimo s papirnato brisačo. V srednji skledi premešajte pokrovače z začimbo Cajun; dati na stran.

2. Liste radiča razporedimo v večjo skledo. V srednje veliki skledi nežno premešajte avokado, papriko, zeleno čebulo in vinaigrette iz svetlih citrusov. Prelijemo čez liste escarole.

3. V veliki ponvi segrejte oljčno olje na srednje močnem ognju. ** Dodajte pokrovače; kuhajte 1 do 2 minuti ali dokler ni neprozorno, pogosto mešajte. Po avokadovi mešanici na

endiviji razporedite pokrovače. Postrezite takoj ali pokrijte in ohladite do 2 uri. Naredi 24 predjedi.

*Opomba: Manjše liste prihranite za sesekljanje in jih stresite v solato.

**Opomba: pokrovače imajo občutljivo teksturo in se med kuhanjem zlahka zlepijo. Dobro začinjena litoželezna ponev ima površino proti prijemanju, kar je odlična izbira za to delo.

GORČIČNO ZELENI KROMPIRČEK S SEZAMOVIMI KOSMIČI

DOMAČA NALOGA:Pečemo 10 minut: 20 minut Izkoristek: 4 do 6 obrokov

TO JE PODOBNO HRUSTLJAVEMU OHROVTOVEMU ČIPSUAMPAK BOLJ OBČUTLJIVA. DA OSTANEJO HRUSTLJAVI, JIH SHRANJUJTE V ZVITI PAPIRNATI VREČKI IN NE V TESNO ZAPRTI POSODI, SAJ BODO OVENILI.

1 šopek gorčičnega zelenja, stebla in rebra odstranimo*
2 žlici ekstra deviškega oljčnega olja
2 čajni žlički belega sezama
1 čajna žlička črnega sezama

1. Pečico segrejte na 300°F. Dva pekača velikosti 15×10×1 palca obložite s pergamentnim papirjem.

2. Gorčično listje narežite na majhne koščke. V veliki skledi zmešajte zelenjavo in olivno olje. Premešajte in nežno vtrite olje v površino listov. Potresemo s sezamovimi semeni; rahlo premešajte, da se prekrije.

3. Gorčično zeleno razporedite v eni plasti na pripravljene pekače. Pečemo približno 20 minut oziroma dokler ne postanejo temni in hrustljavi, ter jih enkrat obrnemo. Postrezite takoj ali ohlajen krompir shranite v papirnati vrečki do 3 dni.

*Opomba: stebla in rebra lahko uporabite za pripravo azijskih mesnih kroglic z janeževo omako (glejterecept).

ZAČINJENI PRAŽENI NUGGETS

DOMAČA NALOGA:5 minut pečenja: 20 minut Dobitek: 2 skodelici

TO SO SAMO STVARI ZA ŽVEČENJEKO STE LAČNI IN PRIPRAVLJATE VEČERJO. PEPITAS SO OLUŠČENA BUČNA SEMENA, VENDAR JIH LAHKO NADOMESTITE Z OREŠČKI, KOT SO MANDLJI ALI OREHI, ČE ŽELITE.

1 beljak

2 žlički svežega limetinega soka

1 čajna žlička mlete kumine

½ žličke brez soli z dodanim čilijem v prahu

½ žličke dimljene paprike

½ čajne žličke črnega popra

¼ čajne žličke kajenskega popra

¼ žličke mletega cimeta

2 skodelici surovih pepit (oluščenih bučnih semen)

1. Pečico segrejte na 350° F. Pekač obložite s pergamentnim papirjem; dati na stran.

2. V srednje veliki skledi penasto stepite beljake. Dodajte limonin sok, kumino, čili v prahu, papriko, črni poper, kajenski poper in cimet. Stepajte, dokler se dobro ne združi. Dodajte zlate kepe. Mešajte, dokler niso vsa semena dobro obložena. Zlate kepice enakomerno razporedite po pripravljenem pekaču.

3. Pecite približno 20 minut oziroma dokler ne postanejo zlato rjave in hrustljave, pogosto mešajte. Ko so zlate kepe še vroče, razdrobite grudice.

4. Pustite, da se popolnoma ohladi. Shranjujte v nepredušni posodi pri sobni temperaturi do 1 tedna.

ZELIŠČA IN CHIPOTLE OREHI

DOMAČA NALOGA:Pečemo 10 minut: 12 minut Dobitek: 4 do 6 obrokov (2 skodelici)

CHIPOTLE PAPRIKE SO POSUŠENI IN DIMLJENI JALAPEÑOS.ČEPRAV SO POSTALI ZELO PRILJUBLJENI KONZERVIRANI V ADOBO OMAKI, KI VSEBUJE SLADKOR, SOL IN SOJINO OLJE V NAJČISTEJŠI OBLIKI, RAZEN SAME ČILIJEVE OMAKE NI DRUGIH SESTAVIN. HRANI DAJEJO ČUDOVIT, DIMLJEN OKUS.

- 1 beljak
- 2 žlici ekstra deviškega oljčnega olja
- 2 žlički svežega timijana, narezanega na trakove
- 1 čajna žlička svežega rožmarina, narezanega na trakove
- 1 čajna žlička mletega chipotle čilija
- 1 čajna žlička drobno naribane pomarančne lupinice
- 2 skodelici celih neslanih oreščkov (mandljev, orehov, pekan orehov in/ali indijskih oreščkov)

1. Pečico segrejte na 350° F. Pekač 15 × 10 × 1 palca obložite z aluminijasto folijo; ponev odstavimo

2. V srednje veliki skledi penasto stepite beljake. Dodamo oljčno olje, timijan, rožmarin, zdrobljen poper in pomarančno lupinico. Stepajte, dokler se ne združi. Dodamo orehe in premešamo. Pekane razporedite v eni plasti v pripravljen pekač.

3. Pecite 20 minut ali dokler oreščki niso zlato rjavi in hrustljavi, pogosto mešajte. Še tople razdrobimo kepe. Naj se popolnoma ohladi.

4. Shranjujte v nepredušni posodi pri sobni temperaturi do 1 tedna.

HUMUS IZ PEČENE RDEČE PAPRIKE Z ZELENJAVO

DOMAČA NALOGA:20 minut cvrtja: 20 minut počitka: 15 minut Izkoristek: 4 porcije

ČE ŽELITE, LAHKO TO STORITETO OKUSNO OMAKO DO 3 DNI PREJ. PRIPRAVITE, KOT JE NAVEDENO V 2. KORAKU, NATO PRENESITE V SKLEDO. POKRIJTE IN HRANITE V HLADILNIKU DO 2 DNI. PETERŠILJ DODAJTE TIK PRED SERVIRANJEM.

1 srednje velika rdeča paprika, brez semen in na četrtine narezana

3 stroki česna, olupljeni

¼ žličke ekstra deviškega oljčnega olja

½ skodelice sesekljanih mandljev

3 žlice pinjol

2 žlici masla iz pinjol (glejrecept)

1 čajna žlička drobno naribane limonine lupinice

2 do 3 žlice svežega limoninega soka

¼ skodelice sesekljanega svežega peteršilja

Sveži zelenjavni palčki (korenje, sladka paprika, kumare, zelena in/ali bučke)

1. Pečico segrejte na 425 ° F. Majhen pekač obložite z aluminijasto folijo; Četrtine paprike s prerezano stranjo navzdol položite na folijo. Na majhen kos aluminijaste folije položite strok česna; pokapljamo z oljčnim oljem. Stroke česna zavijte v aluminijasto folijo. V ponev s koščki paprike položite vrečko česna. Papriko in česen pečemo na žaru 20 do 25 minut oziroma dokler paprika ne zogleneta in zelo mehka.

Česen postavite na rešetko, da se ohladi. Okoli četrtin paprike položite aluminijasto folijo in zapognite robove, da jih zaprete. Pustite stati približno 15 minut ali dokler se dovolj ohladi, da ga lahko obvladate. Z ostrim nožem zrahljajte robove lupine paprike;

2. Medtem v majhni ponvi na zmernem ognju pražite pinjole 3 do 5 minut ali dokler niso rahlo popečeni. Pustimo, da se malo ohladi.

3. Popečene pekane dajte v kuhinjski robot. Pokrijte in obdelajte, dokler ni drobno sesekljan. Dodamo četrtine paprike, stroke česna, maslo iz pinjol, limonino lupinico in limonin sok. Pokrijte in obdelajte, dokler ni zelo gladka, pri čemer občasno nehajte strgati po stenah sklede.

4. Mešanico oreščkov prenesite v skledo; dodamo peteršilj. Postrezite s svežo zelenjavo za pomakanje.

HIBISKUS INGVER LEDENI ČAJ

DOMAČA NALOGA:10 minut počitka: 20 minut Dobitek: 6 obrokov (8 unč)

POSUŠENI CVETOVI HIBISKUSA SO ZELO OSVEŽUJOČI,ČAJ S KISLIM OKUSOM, PRILJUBLJEN V MEHIKI IN DRUGOD PO SVETU. NAMAKANJE Z INGVERJEM MU DA MALO OKUSA. ŠTUDIJE SO POKAZALE, DA JE HIBISKUS KORISTEN ZA VZDRŽEVANJE ZDRAVEGA KRVNEGA TLAKA IN HOLESTEROLA TER IMA ZELO VELIKO VITAMINA C.

6 skodelic hladne vode

1 skodelica posušenih, nerezanih cvetov hibiskusa (flor de Jamaica)

2 žlici svežega ingverja, naribanega in olupljenega

Ledene kocke

Rezine pomaranče in limete

1. Zavrite 2 skodelici vode. V veliki skledi zmešajte cvetove hibiskusa in ingver. Mešanico hibiskusa prelijemo z vrelo vodo; pokrijte in pustite stati 20 minut.

2. Mešanico precedite skozi fino mrežasto cedilo v velik vrč. Zavrzite trdne snovi. Dodajte preostale 4 skodelice hladne vode; dobro premešaj.

3. Čaj postrezite v visokih kozarcih z ledom. Okrasite z rezinami pomaranče in limete.

JAGODA-MELONA-META SLADKA VODA

ZAČETEK DO KONCA:20 minut naredi: približno 8 obrokov (10 skodelic)

AGUA FRESCA POMENI "SLADKA VODA"V ŠPANŠČINI, IN ČE LAHKO DODATE VODO, DA SE OHLADITE, GRESTE. VEČINA AGUAS FRESCAS VSEBUJE DODAN SLADKOR SKUPAJ S SADJEM, VENDAR SE ZANAŠAJO LE NA NARAVNE SLADKORJE V SADJU. NA VROČ DAN NI NIČ BOLJŠEGA OKUSA IN NAREDIJO ODLIČNO BREZALKOHOLNO PIJAČO ZA ZABAVO.

2 funta svežih jagod, olupljenih in prerezanih na pol

3 skodelice narezane melone

6 skodelic hladne vode

1 skodelica svežih listov mete, natrganih

Sok 2 limon in rezine za serviranje

Ledene kocke

vejice mete

Limonine rezine

1. V mešalniku zmešajte jagode, melono in 2 skodelici vode. Pokrijte in mešajte, dokler ni gladka. Mešanico precedite skozi fino mrežasto sito v velik steklen kozarec ali kozarec. Zavrzite trdne snovi.

2. V mešalniku zmešajte 1 skodelico listov mete, limonin sok in 1 skodelico vode. Mešanico skozi fino mrežico presejte v mešanico jagode in melone.

3. Dodajte 3 skodelice vode. Postrezite takoj ali ohladite do serviranja. Postrezite v visokih kozarcih z ledom. Okrasite z vejicami mete in rezinami limete.

LUBENICA IN BOROVNICA AGUA FRESCA

DOMAČA NALOGA:20-minutno hlajenje: 2 do 24 ur. Dobitek: 6 obrokov

SADNI PIRE ZA TO PIJAČO.LAHKO SE OHLADI MED 2 IN 24 URAMI. JE NEKOLIKO DRUGAČEN OD NEKATERIH GAZIRANIH PIJAČ, SAJ JE GAZIRANA VODA, POMEŠANA S SADJEM, DA NAREDI GAZIRANO PIJAČO. BODITE PREPRIČANI, DA KUPITE GAZIRANO VODO, NE "PENEČE" ALI PENEČE VODE, KI VSEBUJE VELIKO NATRIJA.

6 skodelic na kocke narezane lubenice brez pečk

1 skodelica svežih borovnic

¼ skodelice ohlapno zapakiranih svežih listov mete

¼ skodelice svežega limetinega soka

12 unč naravno gazirane mineralne vode, ohlajene

Ledene kocke

Metini listi

rezine limete

1. Zmešajte na kocke narezano lubenico, borovnice, ¼ skodelice mete in limetin sok v mešalniku ali predelovalniku hrane, po potrebi obdelajte v serijah. Pire do gladkega. Pasirano sadje hranite v hladilniku 2 do 24 ur.

2. Za serviranje mešanici pasiranega sadja dodajte ohlajeno gazirano vodo. Nalijte v visoke kozarce z ledom. Okrasite z listi mete in dodatnimi rezinami limete.

SVEŽA KUMARIČNA VODA

DOMAČA NALOGA:15-minutno ohlajanje: 1 ura Dobitek: 6 obrokov

SVEŽA BAZILIKA IMA OKUS PO SLADKEM KORENU.KI SE ODLIČNO PODA K VSEM VRSTAM SADJA: ZLASTI K JAGODAM, BRESKVAM, MARELICAM IN MELONAM.

- 1 velika (angleška) kumara brez semen, olupljena in narezana (približno 2 skodelici)
- 1 skodelica malin
- 2 zreli marelici, razpolovljeni in na četrtine
- ¼ skodelice svežega limetinega soka
- 1 žlica sesekljane sveže bazilike
- ½ žličke svežega timijana, naribanega
- 2 do 3 skodelice vode
- Ledene kocke

1. V mešalniku ali kuhinjskem robotu zmešajte kumare, maline, marelice, limetin sok, baziliko in timijan. Dodajte 2 skodelici vode. Pokrijte in mešajte ali obdelajte, dokler ni gladka. Po želji dodajte več vode, dokler ne dosežete želene konsistence.

2. Hladite vsaj 1 uro ali največ 1 teden. Postrezite v visokih kozarcih z ledom.

COCO CHAI

ZAČETEK DO KONCA:25 minut Izkoristek: 5 do 6 obrokov (približno 5½ skodelic)

TA ČAJ NE VSEBUJE ČAJA"ZAČINJENO KOKOSOVO MLEKO IN KANČEK SVEŽEGA POMARANČNEGA SOKA." ZA PENAST PRELIV LAHKO ZMEŠATE ŠE KOKOSOVO MLEKO IN VSAKO PORCIJO PRELIJETE Z JEDILNO ŽLICO.

- 12 celih strokov kardamoma
- 10 celih zvezdastih janežev
- 10 celih nageljnovih žbic
- 2 čajni žlički črnega popra
- 1 čajna žlička cele posušene paprike
- 4 skodelice vode
- 3 2½-palčne cimetove palčke
- 2 trakova pomarančne lupine 2 cm dolga in 1 cm široka
- 1 3-palčni kos svežega ingverja, narezan na tanke rezine
- ½ žličke mletega muškatnega oreščka
- 1 15 unč pločevinka svežega kokosovega mleka
- ½ skodelice svežega pomarančnega soka
- 2 čajni žlički čistega vanilijevega ekstrakta

1. Zmešajte stroke kardamoma, zvezdasti janež, nageljnove žbice, poprova zrna in zelišča v električnem mlinčku za začimbe. Pulzirajte, dokler ni zelo fino zmlet. (Ali v veliki plastični vrečki, ki jo je mogoče zapreti, zmešajte stroke kardamoma, zvezdasti janež, nageljnove žbice, poprova zrna in zelišča. Začimbe pretlačite s kladivom za meso ali dnom ponve.) Začimbe prenesite v srednje veliko ponev . .

2. Zdrobljene začimbe v loncu na zmernem ognju rahlo pražimo približno 2 minuti ali dokler ne zadišijo, ob pogostem mešanju. Ne opeci se. Dodamo vodo, cimetove palčke, pomarančno lupinico, ingver in muškatni oreščček. Zavremo; zmanjšati vročino. Odkrito dušite 15 minut.

3. Dodajte kokosovo mleko, pomarančni sok in vanilijev ekstrakt. Kuhajte, dokler se ne segreje. Precedite skozi cedilo z drobno mrežico, obloženo z gazo, in takoj postrezite.

POČASI PEČEN GOVEJI FILE

DOMAČA NALOGA:10 minut počitka: 50 minut praženja: 1 ura 45 minut Izkoristek: 8 do 10 obrokov

---

TO JE ZREZEK ZA POSEBNE PRILOŽNOSTI,PREPRIČATI SE. ČE GA PUSTITE NA SOBNI TEMPERATURI, NAREDITE DVOJE: OMOGOČITE, DA ZAČIMBE ZAČINIJO MESO PRED PEKO NA ŽARU, POLEG TEGA PA SKRAJŠAJO ČAS PEČENJA, TAKO DA ZREZEK OSTANE ČIM BOLJ MEHAK IN SOČEN. MESO TE KAKOVOSTI NE BI SMELI UŽIVATI VEČ KOT SREDNJE KUHANO. OSTANKE UPORABITE V GOVEJIH ZAVITKIH (GLEJTERECEPT).

1 3½ do 4 funtov na sredino narezan goveji file, obrezan in povezan s kuhinjsko vrvico iz 100 % bombaža

ekstra deviško olivno olje

½ skodelice sredozemske začimbe (glejrecept)

½ čajne žličke črnega popra

Olivno olje s tartufi (po želji)

1. Hrbet z vseh strani premažemo z oljčnim oljem in potresemo z mediteranskimi začimbami in poprom. Pustite stati na sobni temperaturi 30 do 60 minut.

2. Pečico segrejte na 450°F z rešetko v spodnji tretjini pečice. Pekač obložite z aluminijasto folijo; na pekač postavite rešetko za pečenje.

3. Meso položite na rešetko plošče. Pražimo 15 minut. Pečico zmanjšajte na 250°F. Pecite 1¾ do 2½ ure dlje ali dokler notranja temperatura ne doseže 135°F za srednje pečeno. Odstranite iz pečice; šotor z alu folijo. Meso pustimo počivati 20 do 30 minut. Odstranite vrv. Meso narežite na ⅓ palčne rezine. Po želji meso rahlo namažite s tartufovim oljem.

REDKA MESNA SOLATA V VIETNAMSKEM SLOGU

DOMAČA NALOGA:Zamrzovanje 40 minut: Hlajenje 45 minut: 15 minut Stanje: 5 minut Dobitek: 4 porcije

ČEPRAV JE POSTOPEK KUHANJAZA MESO ZAČNEMO V VRELEM ANANASOVEM SOKU, ZAKLJUČIMO V HLADNI MEŠANICI LIMONINEGA IN ANANASOVEGA SOKA. KISLINA V TEM SOKU ŠE NAPREJ "KUHA" MESO BREZ TOPLOTE, PREVEČ JE LAHKO POKVARI OKUS IN MEHKOBO.

KRAVJE MESO

- 1 funt govejega fileja
- 4½ skodelice 100% ananasovega soka
- 1 skodelica svežega limetinega soka
- ¼ rdeče čebule, zelo tanko narezane
- ¼ česna, narezanega zelo na tanko
- ½ skodelice na tanke rezine narezane rdeče čebule
- ½ skodelice grobo sesekljanega svežega koriandra
- ½ skodelice grobo sesekljane sveže mete
- ½ skodelice grobo sesekljane sveže tajske bazilikeOpomba)
- Preliv iz makadamije (glej recept desno)

SOLATA

- 8 listov solate ledenke
- 2 žlici sesekljanih indijskih oreščkov, opečenih (glejvitka)
- 1 tajski ptičji čili, narezan na zelo tanke rezine (glejvitka) (Neobvezno)
- 1 žlica sezama

Črni poper

Vejice svežega koriandra (neobvezno)

rezine limete (neobvezno)

1. Meso zamrzujte za približno 45 minut ali dokler ni napol zamrznjeno. Meso z zelo ostrim nožem narežite na papirnate tanke rezine. V velikem loncu zavrite 4 skodelice ananasovega soka. Znižajte ogenj, da sokovi še naprej vrejo. Meso v majhnih porcijah nekaj sekund kuhamo v vrelem soku (meso mora biti precej surovo). Otresite odvečno tekočino in meso položite v srednje veliko skledo. Meso za 15 do 20 minut ohladimo, da se nekoliko ohladi.

2. Mesu v skledi dodajte 1 skodelico limoninega soka in preostalo ½ skodelice ananasovega soka. Pustite, da se meso "kuha" v soku na sobni temperaturi 5 do 10 minut oziroma dokler ni pečeno. Meso odcedimo in iztisnemo odvečno tekočino ter prestavimo v večjo skledo. Dodajte česen, česen, česen, cilantro, meto in baziliko; premešajte, da se združi. Mesno zmes prelijemo z makadamijinim prelivom; vreči nositi.

3. Za pripravo solate vsak servirni krožnik obložite z 2 listoma solate. Mesno mešanico razdelite na s solato obložene krožnike. Potresemo z indijskimi oreščki, tajskim čilijem (po želji), sezamovimi semeni in črnim poprom po okusu. Po želji okrasite z vejicami koriandra in postrezite z rezinami limone.

Preliv iz makadamije: Zmešajte ¼ skodelice olja makadamije, 1 žlico svežega limoninega soka, 1 žlico ananasovega soka in ¼ do ½ čajne žličke zdrobljene rdeče paprike v majhnem kozarcu s tesno prilegajočim pokrovom. Zaprite in dobro pretresite.

MEHIŠKI POHANI PRSI Z MANGOM, JICAMA, ČILIJEM IN SOLATO IZ PRAŽENIH BUČNIH SEMEN

DOMAČA NALOGA:20 minut Mariniranje: Kuhanje čez noč: 3 ure Počitek: 15 minut Dobitek: 6 obrokov

PRSI MARINIRAMO ČEZ NOČV KOMBINACIJI PARADIŽNIKA, CHIPOTLE ČILIJA IN MEHIŠKIH ZAČIMB DAJE NEVERJETEN OKUS IN TOPLJIVO MEHKOBO. PAZITE, DA GA MARINIRATE V NEREAKTIVNEM LONCU, NA PRIMER IZ NERJAVEČEGA JEKLA ALI EMAJLIRANEGA LITEGA ŽELEZA. ALUMINIJ REAGIRA S KISLIMI SESTAVINAMI, KOT JE PARADIŽNIK, IN LAHKO USTVARI NEPRIJETEN OKUS, PRAV TAKO PA JE SLABA IDEJA IZ ZDRAVSTVENIH RAZLOGOV (GLEJTE"ODSTRANI ALUMINIJ").

KRILO

1 3-kilogramski goveji prsi

2 skodelici juhe iz govejih kosti (glejrecept) ali nesoljeno govejo juho

1 15-unča pločevinke zdrobljen paradižnik brez dodane soli

1 skodelica vode

1 suh chipotle čili ali ancho čili, narezan na trakove

2 žlički mehiške začimbe (glejrecept)

SOLATA

1 zrel mango, olupljen in narezan

1 jicama, olupljena in narezana

3 žlice zelenih bučnih semen, opečenih*

½ jalapeño, brez semen in drobno sesekljan (glejvitka)

1 do 2 žlici svežega cilantra, narezanega na trakove

3 žlice svežega limoninega soka

1 žlica ekstra deviškega oljčnega olja

Limonine rezine

1. Odrežite odvečno maščobo z dojk. Postavite v nizozemsko pečico iz nerjavečega jekla ali emajlirano pečico. Dodamo govejo juho, neodcejene paradižnike, vodo, papriko in mehiške začimbe. Pokrijte in hladite čez noč.

2. Lonec postavite na močan ogenj; zavrite. Zmanjšajte ogenj in pokrito kuhajte 3 do 3 ure in pol ali dokler se ne zmehča. Odstranite iz pečice, odstranite pokrov in pustite počivati 15 minut.

3. Medtem za solato narežite olupljen mango na ¼ palca debele rezine. Vsako rezino narežite na 3 trakove. V srednji skledi zmešajte mango, jicama, bučna semena, jalapeño in cilantro. Zmešajte limonin sok in olivno olje v majhni skledi; dodajte v solato in premešajte; dati na stran.

4. Prenesite meso na desko za rezanje; meso prerežite vzdolž. Po želji meso pokapamo z malo soka od kuhanja. Meso postrežemo s solato. Okrasite z rezinami limete.

*Namig: Če želite popeči drobno seseklјana semena in oreščke, jih razporedite v majhno, suho ponev in segrevajte na srednjem ognju do zlato rjave barve. Pogosto mešajte, da se ne zažgejo.

ZAVITEK IZ RIMSKE SOLATE Z NARIBANIMI GOVEJIMI PRSI IN SVEŽIM RDEČIM ČILIJEM HARISSA

DOMAČA NALOGA:20 minut Praženje: 4 ure Počitek: 15 minut Naredi: 6 do 8 obrokov

---

HARISSA JE PEKOČA OMAKAIZ TUNIZIJE, KI SE UPORABLJA KOT ZAČIMBA ZA OCVRTO MESO IN RIBE TER V ENOLONČNICAH KOT AROMA. VSAK KUHAR IMA SVOJO RAZLIČICO, A POLEG ČILIJA SKORAJ VEDNO VSEBUJE KUMINO, KUMINO, ČESEN, KORIANDER IN OLIVNO OLJE.

KRILO

- 1 goveji prsi 3 do 3 ½ funtov
- 2 žlički mletega ancho čilija
- 1 čajna žlička česna v prahu
- 1 čajna žlička čebule v prahu
- 1 čajna žlička mlete kumine
- ¼ skodelice ekstra deviškega oljčnega olja
- 1 skodelica juhe iz govejih kosti (glejrecept) ali nesoljeno govejo juho

HARISA

- 1 žlička koriandrovih semen
- 1 žlička kuminovih semen
- ½ žličke kuminovih semen
- 8 do 10 rdečih čilijev Fresno, rdečih čilijev Anaheim ali rdečih jalapeñosov, brez pecljev, semen (po želji) in narezanih (glejtevitka)
- 3 stroke česna sesekljane

listi rimske solate

1. Pečico segrejte na 300°F. Odrežite odvečno maščobo s prsi. V majhni skledi zmešajte mleti ancho čili, česen v prahu, čebulo v prahu in kumino. Začimbno mešanico potresemo po mesu; vtremo v meso.

2. V 5- do 6-litrskem loncu segrejte 1 žlico oljčnega olja na srednje močnem ognju. Prsi na obeh straneh popečemo na vročem olju; odstavite lonec z ognja. Prilijemo govejo kostno juho. Pokrijte in pecite na žaru 4 do 4 ure in pol ali dokler se meso ne zmehča.

3. Medtem za harisso v majhni ponvi zmešajte koriander, kumino in kumino. Na srednji ogenj postavite ponev. Semena pražite približno 5 minut ali dokler ne zadišijo, ponev pogosto stresajte; ohladimo. Za mletje praženih semen uporabite mlinček za začimbe ali malto. V kuhinjskem robotu zmešajte mešanico mletih semen, svež čili, česen in preostale 3 žlice oljčnega olja. Delajte do gladkega. Prenesite v skledo; pokrijte in ohladite vsaj 1 uro.

4. Odstranite nizozemsko pečico iz pečice. Pustite 15 minut. Prenesite meso na desko za rezanje; meso prerežite vzdolž. Položimo na krožnik in ga malo pokapamo s tekočino od kuhanja. Za serviranje napolnite liste rimske solate z narezanimi piščančjimi prsi; vrh s harisso.

V ZELIŠČNI SKORJICI OCVRTO OKROGLO OKO S PIREJEM KORENASTE ZELENJAVE IN KRUHOVO OMAKO

DOMAČA NALOGA:Kuhanje 25 minut: Pečenje 25 minut: Počitek 40 minut: 10 minut Izkoristek: 6 obrokov

---

BODITE PREPRIČANI, DA SHRANITE VSEVODE OD KUHANJA, KO ZELENJAVO ODCEDIMO. ZBRANO VODO UPORABIMO TAKO V GOMOLJNEM PIREJU KOT V OMAKI ZA MESO.

OCVRTO

- ½ skodelice tesno zloženih svežih listov peteršilja
- ¼ skodelice svežega timijana, naribanega
- 1 žlica mletega črnega popra
- 2 žlički drobno naribane limonine lupinice
- 4 stroki česna, olupljeni
- 4 žlice ekstra deviškega oljčnega olja
- 13 funtov oko zrezek
- 2 žlici dijonske gorčice (glejrecept)

PONEV OMAKO

- 1 skodelica sesekljane čebule
- 1 skodelica narezanih gob
- 1 lovorjev list
- ¼ skodelice suhega rdečega vina
- 1 skodelica juhe iz govejih kosti (glejrecept) ali nesoljeno govejo juho
- 1 žlica ekstra deviškega oljčnega olja
- 2 žlički šerija ali balzamičnega kisa
- 1 recept za pire korenasto zelenjavo (glejrecept, Spodaj)

1. Rešetko postavite v spodnjo tretjino pečice. Pečico segrejte na 400 ° F. V kuhinjskem robotu zmešajte peteršilj, timijan, poper, limonino lupinico, stroke česna in 2 žlici oljčnega olja. Pulzirajte, dokler česen ni grobo sesekljan. Česnovo mešanico odstavite.

2. Preostali 2 žlici oljčnega olja segrejte na srednje močnem ognju v srednji ali veliki ponvi, neprepustni za pečico. Dodajte zrezek in pražite, dokler ne porjavi z vseh strani, približno 4 minute na stran. Odstranite zrezek iz ponve; odstavite lonec z ognja. Pečeno namažite z gorčico po dijonsko. Zmes česna potresemo po zrezku in pritisnemo, da se prekrije. Zrezek vrnemo v ponev. Pecite nepokrito 40 do 45 minut ali dokler termometer za meso, vstavljen v sredino zrezka, ne pokaže 130 °F do 135 °F. Meso prenesite na desko za rezanje; šotor ohlapno s folijo. Pred rezanjem naj počiva 10 minut.

3. Medtem za omako na kuhalnik pristavimo pečenko ali pečenko. Segrevajte na srednje močnem ognju. Dodamo čebulo, gobe in lovorjev list; kuhajte in mešajte približno 5 minut ali dokler čebula ne postekleni. Dodajte vino; dušite približno 2 minuti ali dokler vino skoraj ne izhlapi, pri čemer postrgajte rjave koščke z dna ponve. Dodajte 1 skodelico prihranjene zelenjavne vode in juho iz govejih kosti. Zavremo; zmanjšati vročino. Kuhajte, nepokrito, dokler se omaka ne zmanjša na približno 1 skodelico, približno 4 minute, občasno premešajte.

4. Precedite omako skozi fino sito v veliko merilno skodelico; odstraniti trdne snovi. V omako stepemo olivno olje in kis. Govejo pečenko postrežemo s pirejem iz korenaste zelenjave; prelijemo z omako.

Naribana korenasta zelenjava: V velikem loncu zmešajte 3 srednje velike korenje, olupljene in grobo narezane; 3 srednji pastinak, olupljen in grobo narezan; 2 srednji pesi, olupljeni in narezani na velike kose; 1 velik sladki krompir, olupljen in narezan na velike kose; in 2 vejici svežega rožmarina. Prilijemo toliko vode, da prekrije zelenjavo. Zavremo; zmanjšati vročino. Pokrito dušite 15 do 20 minut oziroma dokler zelenjava ni zelo mehka. Zelenjavo odcedimo, vodo od kuhanja prihranimo. Rožmarin zavrzite. Zelenjavo damo nazaj v ponev. Pretlačite s tlačilko za krompir ali električnim mešalnikom, dodajte malo vode za kuhanje, dokler ne želite (preostalo zelenjavno vodo rezervirajte za omako). Začinimo s kajenskim poprom.

GOVEJA IN ZELENJAVNA JUHA S PESTOM S PEČENO RDEČO PAPRIKO

DOMAČA NALOGA:40 minut kuhanja: 1 ura 25 minut počitka: 20 minut Dobitek: 8 porcij

DIMLJENA PAPRIKA, IMENOVANA TUDI PAPRIKA— TO JE ŠPANSKA PAPRIKA, NAREJENA S SUŠENJEM PAPRIKE NAD DIMLJENIM HRASTOVIM OGNJEM, KAR JI DAJE NEVERJETEN OKUS. NA VOLJO JE V TREH RAZLIČICAH: SLADKO IN BLAGO (SWEET), SREDNJE PEKOČE (BITTERSWEET) IN PIKANTNO (SPICY). IZBERITE PO SVOJEM OKUSU.

1 žlica ekstra deviškega oljčnega olja

2 funta pečene govedine brez kosti, očiščene odvečne maščobe, narezane na 1-palčne kocke

1 skodelica sesekljane čebule

1 skodelica narezanega korenja

1 skodelica narezane zelene

1 skodelica sesekljanega pastinaka

1 skodelica narezanih svežih gob

½ skodelice narezane pese

½ žličke dimljene paprike

½ čajne žličke zdrobljenega posušenega rožmarina

½ žličke zdrobljene rdeče paprike

½ skodelice suhega rdečega vina

8 skodelic goveje kostne juhe (glejrecept) ali nesoljeno govejo juho

2 skodelici svežih paradižnikov

1 lovorjev list

1 skodelica sladkega krompirja ali krompirja, olupljenega in narezanega na kocke

2 skodelici zdrobljenih listov ohrovta ali ohrovta

¾ skodelice narezane bučke ali rumene poletne buče

¾ skodelice sesekljanih špargljev

¾ skodelice zelo majhnih cvetov cvetače

Pesto z rdečo papriko (glejrecept, Spodaj)

1. V 6- do 8-litrskem loncu segrejte oljčno olje na srednje močnem ognju. V vročo olje v ponvi dodamo polovico mesa; kuhajte 5 do 6 minut ali dokler dobro ne porjavi z vseh strani. Meso odstranite iz ponve. Ponovite s preostalim mesom. Prilagodite toploto, kot je potrebno, da preprečite, da bi se zapečeni koščki na dnu lonca zažgali.

2. V nizozemsko pečico dodajte čebulo, korenje, zeleno, pastinak, gobe in repo. Ogenj zmanjšajte na srednje. Kuhajte in mešajte 7 do 8 minut ali dokler zelenjava ne postane hrustljava, pri tem pa z leseno žlico postrgajte morebitne porjavele koščke. Dodamo papriko, rožmarin in sesekljano rdečo papriko; kuhamo in mešamo 1 minuto. Dodajte vino; dušite, dokler skoraj ne izpari. Dodamo govejo kostno juho, paradižnik, lovorov list in popraženo meso ter morebitni nabrani sok. Zavremo; zmanjšati vročino. Pokrito dušimo približno 1 uro oziroma dokler se meso in zelenjava ne zmehčata. Dodamo sladki krompir in ohrovt; kuhamo na majhnem ognju 20 minut. Dodamo bučke, šparglje in cvetačo; kuhajte približno 5 minut ali dokler ne postane hrustljavo. Odstranite in zavrzite lovorjev list.

3. Za serviranje juho nalijte v sklede in prelijte s pestom rdeče paprike.

Pesto z rdečo papriko: Zelje segrejemo z rešetko v zgornji tretjini pečice. Na pekač, obložen z aluminijasto folijo, položite 3 rdeče paprike. Površino paprike natrite z 1 žlico ekstra deviškega oljčnega olja. Paprike pečemo na žaru 10 do 15 minut ali dokler lupina ne potemni in se mehurji in paprike zmehčajo ter jih sredi pečenja obrnemo. Papriko prenesite v veliko skledo. Skledo pokrijte s plastično folijo. Pustite približno 20 minut ali dokler se ne ohladi. Papriki odstranite semena, stebla in kožo ter jo zavrzite. Papriko narežemo na koščke. V kuhinjskem robotu pretlačite ½ skodelice svežih listov peteršilja, ¼ skodelice narezanih mandljev in 3 stroke česna, dokler niso drobno sesekljani. Dodajte naribano papriko, 2 žlici ekstra deviškega olivnega olja, 1 žlico drobno naribane pomarančne lupinice, 2 žlički balzamičnega ali šerijevega kisa ter papriko in kajensko papriko po okusu. Pulzirajte, dokler ni drobno sesekljan, vendar ne tekoč. Po potrebi dodajte še 1 žlico oljčnega olja, da dosežete želeno gostoto. Prenesite v nepredušno posodo. Pokrijte in ohladite do serviranja.

SLADKA IN SLANA GOVEDINA V POČASNEM KUHALNIKU

DOMAČA NALOGA:Kuhanje 25 minut: 6 minut Počitek: 10 minut Počasno kuhanje: 9 ur (nizko) ali 4 ure in pol (visoko) + 15 minut (visoko) Dobitek: 4 porcije

SLADKOST TE SOČNE ENOLONČNICEPRIHAJA IZ MAJHNIH KOLIČIN SUHIH MARELIC IN ČEŠENJ. NA KATERI KOLI TRŽNICI, KI PONUJA POLNOVREDNA ŽIVILA, POIŠČITE NESLADKANO SUHO SADJE BREZ ŽVEPLA.

1½ funta govejega mesa brez kosti ali pečene govedine brez kosti

2 žlici rafiniranega kokosovega olja

1 skodelica vrele vode

½ skodelice posušenih gob šitake

1 skodelica zamrznjene ali olupljene sveže biserne čebule, prepolovljene, če je velika

3 srednje velike pastinake, prepolovljene po dolžini in prečno na 2-palčne kose

3 srednje velike korenčke, prerezane na pol po dolžini in prečno na 2-palčne kose

6 strokov česna, na tanke rezine

1 lovorjev list

1 čajna žlička posušenega žajblja ali timijana ali 1 žlica naribanega svežega žajblja ali timijana

2½ skodelice juhe iz govejih kosti (glejrecept) ali nesoljeno govejo juho

4 skodelice grobo narezane sveže blitve ali ohrovta, narezanega

½ skodelice suhega rdečega vina

2 žlici sesekljanih nesladkanih in nesladkanih suhih marelic

2 žlici suhih češenj brez žvepla in brez sladkorja

1. Mesu odrežite maščobo. Meso narežite na 1½ cm velike kose. V veliki ponvi segrejte 1 žlico kokosovega olja na srednje močnem ognju. Dodajte meso; kuhajte 5 do 7 minut ali dokler ne porjavi, občasno premešajte. Z žlico z režami prenesite meso v 3½ ali 4-litrski počasen kuhalnik. Ponovite s preostalim kokosovim oljem in mesom. Po želji postrgamo maščobo s ponve in jo damo v lonec z mesom.

2. Medtem v majhni skledi zmešajte vrelo vodo in posušene gobe. pokrov; pustimo počivati 10 minut. Gobe odcedimo, tekočino za namakanje pa pustimo. Izperite gobe; Gobe narežemo na večje kose in jih dodamo v lonec k mesu. Tekočino za namakanje skozi fino mrežasto cedilo vlijemo v počasni kuhalnik.

3. Dodajte čebulo, pastinak, korenje, česen, lovorov list in posušen žajbelj ali timijan (če ga uporabljate). Zalijemo z juho iz govejih kosti. pokrov; kuhajte na nizki temperaturi 9 do 10 ur ali na visoki temperaturi 4½ do 5 ur.

4. Odstranite in zavrzite lovorjev list. V lonec zadušite krompir, vino, marelice, češnje in svež žajbelj ali timijan (če ga uporabljate). Če uporabljate nizko temperaturo, preklopite na visoko temperaturo. pokrov; kuhamo še 15 minut. Za serviranje postrežemo v toplih skledicah.

AZIJSKA JUHA Z ZREZKI IZ BOKOV

DOMAČA NALOGA:Čas kuhanja: 35 minut: 20 minut Dobitek: 6 do 8 obrokov

- 1½ funtov zrezek
- 2 žlici ekstra deviškega oljčnega olja
- 1 funt shiitake gob, obrezanih in narezanih
- 1 šopek drobnjaka, na tanke rezine
- 2 skodelici sesekljanega bok choya
- 1 skodelica na tanke rezine narezanega korenja
- 6 velikih strokov česna, sesekljanih (1 žlica)
- 1 žlica sesekljanega svežega ingverja
- 1 žlička črnega popra
- 8 skodelic goveje kostne juhe (glejrecept) ali nesoljeno govejo juho
- 1 list morske alge nori, nastrgane
- 1 skodelica na tanke rezine narezane redkvice daikon
- ⅓ skodelice svežega limetinega soka
- 4 trdo kuhana jajca, olupljena in razpolovljena
- Limonine rezine

1. Po želji delno zamrznite meso za lažje rezanje (približno 20 minut). Zrezek po dolžini prerežemo na pol, nato pa vsako polovico prečno narežemo na tanke trakove. Trakove prerežite na pol. V 6-litrski nizozemski pečici segrejte 1 žlico oljčnega olja na srednje močnem ognju. Dodamo polovico bočnega zrezka; kuhajte približno 3 minute ali dokler dobro ne porjavi, občasno premešajte. Odstranite meso iz ponve; Ponovite s preostalim oljčnim oljem in

zrezkom. Odstranite zrezek iz nizozemske pečice in ga postavite na stran.

2. Zmanjšajte toploto na srednjo; V nizozemsko pečico dodajte gobe shiitake, kapesanto, bok choy, korenje, česen in poper. Kuhajte 5 minut, pogosto mešajte. V lonec dodamo bočni zrezek, govejo kostno juho in nastrgane alge. Zavremo; zmanjšati vročino. Pokrito dušimo približno 5 minut oziroma dokler se korenje ne zmehča.

3. V juho dodajte redkvico daikon, limonin sok in trdo kuhana jajca. Juho vrnemo, da zavre. Ogenj takoj pogasite. Juho postrezite v toplih skledah. Okrasite z rezinami limete.

OCVRT ZREZEK S SEZAMOM IN CVETAČNIM RIŽEM

ZAČETEK DO KONCA: 1 URA POMENI: 4 PORCIJE

1½ funtov zrezek
4 skodelice sesekljane cvetače
2 žlici sezama
2 čajni žlički rafiniranega kokosovega olja
¾ čajne žličke zdrobljene rdeče paprike
¼ skodelice svežega cilantra, sesekljanega
3 žlice kokosovega olja
½ skodelice na tanke rezine narezane rdeče čebule
1 žlica naribanega svežega ingverja
6 strokov česna, nasekljanih (1 žlica)
1 žlica na tanke rezine narezane sveže limonske trave
2 rdeči, zeleni in/ali rumeni papriki, brez semen in narezani na trakove
2 skodelici majhnega brokolija
½ skodelice juhe iz govejih kosti (glejrecept) ali nesoljeno govejo juho
¼ skodelice svežega limetinega soka
Sesekljan drobnjak (neobvezno)
zdrobljena rdeča paprika (neobvezno)

1. Po želji delno zamrznite zrezek za lažje rezanje (približno 20 minut). Zrezek po dolžini prerežemo na pol; Vsako polovico narežite na tanke trakove. Trakove mesa odstavimo.

2. Za cvetačni riž v kuhinjskem robotu pretlačite 2 skodelici cvetače, dokler ne nastanejo koščki v

velikosti riža; prenesite v srednje veliko skledo. Ponovite s preostalima 2 skodelicama cvetače. Sezamova semena pražimo v veliki ponvi na zmernem ognju približno 2 minuti ali do zlato rjave barve. Dodajte 2 čajni žlički kokosovega olja in ¼ čajne žličke zdrobljene rdeče paprike; kuhajte 30 sekund. Dodajte cvetačni riž in koriander v ponev; premešamo. Zmanjšajte toploto; kuhajte pokrito 6 do 8 minut ali dokler se cvetača ne zmehča. Ostani topel.

3. V veliki ponvi na srednje močnem ognju segrejte 1 žlico kokosovega olja. Dodajte polovico mesnih trakov; kuhamo in mešamo do konca. Meso odstranite iz ponve. Ponovite s preostalo 1 žlico kokosovega olja in preostalimi mesnimi trakovi; meso odstavimo. Posodo odcedite.

4. V isti ponvi na srednje močnem ognju segrejte preostalo 1 žlico kokosovega olja. V ponev dodajte rdečo čebulo, ingver, česen, limonsko travo in ½ žličke zdrobljenih kosmičev rdeče paprike; kuhamo in mešamo 30 sekund. V ponev dodamo papriko, brokoli in juho iz govejih kosti. Kuhajte približno 5 minut ali dokler se brokoli ne zmehča, občasno premešajte. Dodajte meso in limonin sok; kuhajte še 1 minuto. Postrezite čez cvetačni riž. Po želji potresemo z mlado čebulo in/ali zdrobljeno rdečo papriko.

POLNJEN SKIRT STEAK S CHIMICHURRI OMAKO

DOMAČA NALOGA:Pečenje 30 minut: 35 minut počitka: 10 minut Dobitek: 4 porcije

1 srednje velik sladki krompir, olupljen (približno 12 unč)

1 žlica ekstra deviškega oljčnega olja

6 strokov česna, nasekljanih (1 žlica)

2 čajni žlički ekstra deviškega oljčnega olja

1 paket sveže mlade špinače po 5 unč

1½ funtov zrezek

2 žlički mletega črnega popra

2 žlici ekstra deviškega oljčnega olja

½ skodelice chimichurri omake (glejterecept)

1. Pečico segrejte na 400° F. Velik pekač obložite s pergamentnim papirjem. Z mandolino narežite sladki krompir po dolžini na približno ⅛ palca debele rezine. V srednje veliki skledi premešajte rezine sladkega krompirja z 1 žlico olja. Rezine v enakomerni plasti razporedite po pripravljenem pekaču. Pecite na žaru približno 15 minut ali dokler se ne zmehča. Naj se ohladi.

2. Medtem zmešajte česen in 2 čajni žlički oljčnega olja v zelo veliki ponvi, odporni na pečico. Na zmernem ognju kuhajte približno 2 minuti oziroma dokler se česen rahlo ne skuha, vendar ne porjavi, občasno premešajte. Dodajte špinačo v ponev; kuhamo do mehkega. Špinačo prestavimo na krožnik, da se ohladi; ponev odstavimo.

3. Obe strani zrezka zarežite tako, da naredite plitve diagonalne reze približno 1 cm narazen v diamantnem vzorcu. Zrezek položite med dva lista plastične folije. Z ravno stranjo kladiva za meso pretolčite zrezek, dokler ni debel približno ½ palca. Iz kuhane špinače iztisnemo odvečno tekočino in jo enakomerno razporedimo po zrezku. Na vrh položite sladki krompir, po potrebi prekrivajte rezine. Začnite z eno daljšo stranjo in zvijte bočni zrezek. Zvit file zvežite v 1-palčnih intervalih s kuhinjsko vrvico iz 100 % bombaža. Potresemo z mletim črnim poprom.

4. V ponev, v kateri pečemo špinačo, dodamo 2 žlici olja. Dodajte meso v ponev; kuhajte, dokler ne porjavi z vseh strani, meso po potrebi obrnite, da se enakomerno zapeče. Pekač z mesom postavimo v pečico. Pecite na žaru brez pokrova 20 do 25 minut ali dokler termometer za meso, vstavljen v sredino, ne pokaže 145 °F.

5. Meso vzamemo iz ponve in pokrijemo s folijo. Pustite 10 minut. Odstranite kuhinjsko vrvico; meso prečno narežite na ½ cm debele rezine. Postrezite z omako chimichurri.

CHUCK STEAK PEČEN V VINU Z GOBAMI

DOMAČA NALOGA:10 minut Kuhanje: 30 minut Peka: 1 ura 45 minut Izkoristek: 2 porciji

CHUCK ZREZKI SO POCENI MOŽNOSTKER NISO NAJNEŽNEJŠI REZI. LAHKO PA JIH PO ENI URI DUŠENJA V MEŠANICI RDEČEGA VINA, GOVEJE OSNOVE, GOB, ČESNA IN ČRNEGA POPRA NAREŽEMO Z NOŽEM ZA MASLO.

- 2 zrezka brez kosti po 6 unč, narezana približno ¾ palca debelo
- ½ čajne žličke zmletega česna brez konzervansov
- Črni poper
- 4 čajne žličke ekstra deviškega oljčnega olja
- 10 unč gob, narezanih
- ½ skodelice suhega rdečega vina (kot je Zinfandel)
- ½ skodelice juhe iz govejih kosti (glejrecept), piščančja kostna juha (glejrecept) ali brez soljene piščančje ali goveje juhe
- 2 žlički svežega peteršilja narezanega na trakove
- ½ žličke svežega timijana, naribanega
- ½ čajne žličke drobno naribane limonine lupinice
- 1 majhen strok česna, sesekljan
- Nariban svež hren (po želji)

1. Pečico segrejte na 300°F.
2. Po želji odrežite maščobo z zrezkov. Zrezke osušite s papirnatimi brisačkami. Na obeh straneh potresemo zrnat česen in poper. Segrejte 2 čajni žlički oljčnega olja v srednje veliki ponvi na srednje močnem ognju.

Dodajte filete v ponev; kuhajte 3 do 4 minute na stran ali dokler dobro ne porjavi. Prenesite filete na krožnik; dati na stran.

3. V ponev dodajte gobe in preostali 2 žlički oljčnega olja. Kuhajte 4 minute, občasno premešajte. Dodajte vino in govejo osnovo ter postrgajte vse zapečene koščke z dna ponve. Zavremo. V ponev dodamo fileje, fileje prelijemo z mešanico gob. Ponev pokrijemo s pokrovko. Pekač prestavimo v pečico. Pečemo približno 1¼ ure ali dokler se meso ne zmehča.

4. Za peteršiljev preliv v majhni skledi zmešajte peteršilj, timijan, limonino lupinico in česen; dati na stran.

5. Fileje preložimo na krožnik; pokrijte, da ostane toplo. Za omako v ponvi na srednje močnem ognju segrevajte gobe in tekočino, dokler ne zavre. Kuhajte približno 4 minute ali dokler se nekoliko ne zmanjša. Čez zrezke postrezite gobovo omako. Potresemo s peteršiljem in po želji z naribanim hrenom.

STRIP STEAK Z OMAKO IZ AVOKADA IN HRENA

DOMAČA NALOGA:15 minut počitka: 10 minut žara: 16 minut
Dobitek: 4 porcije

HRENOVA OMAKA JE ODLIČNA PRILOGA.POČASI PEČEN GOVEJI FILE (GLRECEPT). TU SE ZMEŠA Z AVOKADOM NA ŽARU, DA USTVARI PIKANTNO OMAKO Z MALO ZAČIMB IZ DIJONSKE GORČICE IN SVEŽE NARIBANEGA HRENA. AVOKADO NA ŽARU NAREDI BOLJ KREMAST IN DIMLJEN.

ZREZEK

1 žlica dimljene začimbe (glejrecept)

½ žličke suhe gorčice

1 čajna žlička mlete kumine

4 fileji (zgornji del ledja), narezani na 1 cm debelo (skupaj približno 2 funta)

2 avokada, prerezana na pol in brez semen (olupljena)

1 čajna žlička limetinega soka

DIP

2 žlici hrenove omake (glrecept, Spodaj

2 žlici svežega limetinega soka

2 stroka česna sesekljana

1. V majhni skledi zmešajte dimljene začimbe, suho gorčico in kumino. Potresemo po filejih in podrgnemo s prsti. Pustite 10 minut.

2. Za žar na oglje postavite oglje na zmeren ogenj okoli ponve za odcejanje. Testirajte na srednjem ognju v

ponvi. Zrezke položite na rešetko za žar nad ponev. Pokrijte in pecite na žaru 16 do 20 minut za srednje pečene (145 °F) ali 20 do 24 minut za srednje velike (160 °F) zrezke na polovici pečenja enkrat obrnite. Odrezane strani avokada namažite z limoninim sokom. Zadnjih 8 do 10 minut pečenja na žaru ali dokler se ne zmehčajo, s prerezano stranjo navzgor dodajte na žar. (Za plinske žare predhodno segrejte žar. Zmanjšajte toploto na srednjo temperaturo. Nastavite na indirektno kuhanje. Pecite na žaru, kot je opisano zgoraj.)

3. Za omako dajte meso avokada v srednje veliko skledo. Dodajte hrenovo omako, 2 žlici limoninega soka in česen; pretlačimo z vilicami do skoraj gladkega. Zrezke postrezite z omako.

Hrenova omaka: V srednje veliki skledi zmešajte ¼ skodelice naribanega svežega hrena, 1 skodelico kreme iz indijskih oreščkov (glejterecept), 1 žlica dijonske gorčice (glejrecept), 1 čajna žlička belega vinskega kisa in 2 čajni žlički začimbe limonske trave (gl.recept). Pokrijte in ohladite vsaj 4 ure ali čez noč.

ZREZKI, MARINIRANI Z LIMONSKO TRAVO

DOMAČA NALOGA:30 minut Mariniranje: 2 do 10 ur Žar: 10 minut Počitek: 35 minut Izkoristek: 4 porcije

TAJSKA BAZILIKA JE DRUGAČNA OD SLADKE BAZILIKEUPORABLJA SE V SREDOZEMSKI KUHINJI TAKO PO VIDEZU KOT OKUSU. BAZILIKA IMA ŠIROKE LISTE NA ZELENIH STEBLIH; TAJSKA BAZILIKA IMA OZKE ZELENE LISTE NA VIJOLIČNIH STEBLIH. OBA IMATA OKUS PO JANEŽU, VENDAR JE PRI TAJSKI BAZILIKI BOLJ IZRAZIT. TAJSKA BAZILIKA TUDI BOLJE ZADRŽUJE TOPLOTO KOT SLADKA BAZILIKA. IŠČITE GA NA AZIJSKIH TRGIH IN KMETIJSKIH TRGIH. ČE JE NE NAJDETE, LAHKO VSEKAKOR UPORABITE SLADKO BAZILIKO.

- 2 stebli limonske trave, samo rumeni in bledo zeleni deli
- 1 2-palčni kos ingverja, olupljen in narezan na tanke rezine
- ½ skodelice narezanega svežega ananasa
- ¼ skodelice svežega limetinega soka
- 1 jalapeño, brez semen in narezan (glejvitka)
- 2 žlici ekstra deviškega oljčnega olja
- 4 goveji zrezki po 6 unč, narezani na ¾ palca debelo
- ½ skodelice listov tajske bazilike
- ½ skodelice listov koriandra
- ½ skodelice listov mete
- ½ skodelice čebule, narezane na tanke rezine
- 2 čajni žlički ekstra deviškega oljčnega olja
- 1 limeta, narezana na četrtine

1. Za marinado odstranite in zavrzite obrobljene zunanje plasti stebel limonske trave. Narežemo na tanke rezine. Zmešajte limonsko travo in ingver v kuhinjskem robotu; pulz, dokler ni drobno sesekljan. Dodajte ananas, limetin sok, jalapeño in 2 žlici oljčnega olja; čim bolj pretlačimo.

2. Fileje položite v veliko plastično vrečko, ki jo je mogoče ponovno zapreti, v plitvo posodo. Zrezke prelijemo z marinado. Zaprite vrečko; torbo spremeni v plašč. Marinirajte v hladilniku 2 do 10 ur, vrečko občasno obrnite. Odstranite fileje iz marinade; zavrzite marinado. Pred peko na žaru naj zrezki počivajo na sobni temperaturi 30 minut.

3. Za žar na oglje ali plinski žar položite zrezke neposredno na žar na srednji ogenj. Pokrijte in pecite na žaru 10 do 12 minut za srednje velike (145°F) ali 12 do 15 minut za srednje velike (160°F) ter jih na polovici obrnite. Odstranite zrezke z žara; pustite stati 5 minut, preden postrežete.

4. Za premaz zelišč zmešajte baziliko, cilantro, meto in drobnjak v majhni skledi; pokapajte z 2 žlički oljčnega olja; vreči nositi. Vsak zrezek prelijemo z zeliščnim prelivom in postrežemo z rezinami limete.

BALZAMIČNO-DIJONSKI FILE S ČESNOVO ŠPINAČO

DOMAČA NALOGA:12 minut mariniranja: 4 ure praženja: 10 minut izkoristka: 4 porcije

PREKUHAVANJE MARINADE JE VARNO.ZAUŽITI KOT OMAKO, PA ŠE MALO ZREDUCIRATI, DA BO TUDI BOLJ GOSTA. MED PEKO ZREZKA NA ŽARU POPECITE ŠPINAČO, LE MALO. ZA NAJBOLJŠI OKUS IN HRANILNO VREDNOST KUHAJTE ŠPINAČO, DOKLER NE OVENI IN JE ŠE VEDNO SVETLO ZELENA.

ZREZEK

- 4 žlice balzamičnega kisa
- 3 žlice ekstra deviškega oljčnega olja
- 3 žlice svežega limoninega soka
- 3 žlice svežega pomarančnega soka
- 1 žlica dijonske gorčice (glejrecept)
- 2 žlički svežega rožmarina, narezanega na trakove
- ½ čajne žličke črnega popra
- 3 stroke česna sesekljane
- 1 1½-kilogramski zrezek, narezan na 1½ palca debelo

ŠPINAČA

- 1 žlica ekstra deviškega oljčnega olja
- 4 stroki česna, narezani na tanke rezine
- 8 skodelic mlade špinače
- ¼ žličke črnega popra

1. Za marinado v srednji skledi zmešajte kis, olivno olje, limonin sok, pomarančni sok, gorčico v stilu Dijon, rožmarin, poper in česen. Zrezek položite v plastično vrečko, ki jo je mogoče ponovno zapreti, v plitvo posodo. Zrezek prelijemo z marinado. Zaprite vrečko; spremenite v pečenko. Marinirajte v hladilniku 4 ure, vrečko občasno obrnite.

2. Segrejte žar. Odstranite zrezek iz marinade; prenesite marinado v majhno ponev. Za balzamično omako segrevajte marinado na srednje močnem ognju, dokler ne zavre. Zmanjšajte toploto; dušite 2 do 3 minute ali dokler se rahlo ne zgosti; dati na stran.

3. Steak položite na neogreto rešetko pekača. Pecite na žaru 4 do 5 palcev od vročine približno 10 minut za srednje (145 °F) ali 14 minut za srednje (160 °), pri čemer enkrat obrnite. Zrezek prestavimo na desko za rezanje. Ohlapno pokrijte s folijo; pustimo počivati 10 minut.

4. Medtem za špinačo v zelo veliki ponvi segrejte olivno olje na srednjem ognju. Dodamo narezan česen; kuhajte 1 minuto ali dokler rahlo ne porjavi. Dodamo špinačo; potresemo s poprom. kuhajte in mešajte 1 do 2 minuti ali dokler špinača ne oveni.

5. Zrezek prerežemo na štiri dele in ga potresemo z balzamiko. Postrezite s špinačo.

REZKI ZREZKI NA ŽARU Z NARIBANO KORENASTO ZELENJAVO

DOMAČA NALOGA:20 minut počitka: 20 minut žara: 10 minut počitka: 5 minut Izkoristek: 4 porcije

HRBETNI FILEJI IMAJO ZELO MEHKO TEKSTURO,IN MAJHEN TRAK MAŠČOBE NA ENI STRANI ZREZKA BO NA ŽARU HRUSTLJAV IN DIMLJEN. MOJE RAZMIŠLJANJE O ŽIVALSKIH MAŠČOBAH SE JE OD MOJE PRVE KNJIGE SPREMENILO. ČE SE DRŽITE OSNOV PALEO DIETE® IN OHRANJATE NASIČENE MAŠČOBE MED 10 IN 15 ODSTOTKI DNEVNIH KALORIJ, NE BOSTE POVEČALI TVEGANJA ZA BOLEZNI SRCA IN PRAVZAPRAV JE LAHKO RAVNO NASPROTNO. NOVI PODATKI KAŽEJO, DA LAHKO ZVIŠANJE HOLESTEROLA LDL DEJANSKO ZMANJŠA SISTEMSKO VNETJE, DEJAVNIK TVEGANJA ZA BOLEZNI SRCA.

3 žlice ekstra deviškega oljčnega olja

2 žlici naribanega svežega hrena

1 čajna žlička drobno naribane pomarančne lupinice

½ čajne žličke mlete kumine

½ čajne žličke črnega popra

4 zrezki (imenovani tudi pečenke), narezani približno 1 cm debelo

2 srednje velika pastinaka, olupljena

1 velik sladki krompir, olupljen

1 srednja pesa, olupljena

1 ali 2 šalotki, drobno sesekljani

2 stroka česna sesekljana

1 žlica svežega timijana, narezanega na trakove

1. V majhni skledi zmešajte 1 žlico olja, hren, pomarančno lupino, kumino in ¼ žličke popra. Mešanico razporedite po filejih; pokrijte in pustite stati na sobni temperaturi 15 minut.

2. Medtem za hašiš uporabite strgalnik ali kuhinjski robot z rezilom za sekljanje, da nastrgate pastinak, sladki krompir in peso. V veliko skledo položite narezano zelenjavo; dodamo šalotko. V majhni skledi zmešajte preostali 2 žlici olja, preostalo ¼ čajne žličke popra, česen in timijan. Potresemo z zelenjavo; premešajte, da se dobro poveže. Prepognite 36 x 18-palčni kos močne aluminijaste folije na pol, da dobite dvojno debel list aluminijaste folije, ki meri 18 x 18 palcev. Na sredino folije položite zelenjavno mešanico; dvignite nasprotne robove folije in zaprite z gubo. Zapognite preostale robove, da popolnoma zajamejo zelenjavo in pustite prostor za zbiranje pare.

3. Za žar na oglje ali plinski žar položite zrezke in aluminijasto folijo neposredno na žar na srednji ogenj. Zrezke pokrijte in pecite 10 do 12 minut za srednje (145 °F) ali 12 do 15 minut za srednje (160 °F), pri čemer jih enkrat na polovici žara obrnite. Zavojček pecite na žaru 10 do 15 minut oziroma dokler se zelenjava ne zmehča. Zrezke pustimo počivati 5 minut, medtem ko se zelenjava speče. Zelenjavno osnovo razdelite na štiri servirne krožnike; vrh z fileji.

AZIJSKI PRAŽENEC Z GOVEDINO IN ZELENJAVO

DOMAČA NALOGA:30 minut Čas kuhanja: 15 minut
Dobitek: 4 porcije

FIVE SPICE POWDER JE MEŠANICA ZAČIMB BREZ SOLI.POGOSTO UPORABLJA V KITAJSKI KUHINJI. SESTAVLJEN JE IZ ENAKIH DELOV MLETEGA CIMETA, NAGELJNOVIH ŽBIC, SEMEN KOMARČKA, ZVEZDASTEGA JANEŽA IN SEČUANSKEGA POPRA.

1½ funta govejega fileja brez kosti ali pečenega govejega mesa brez kosti, narezanega na 1 cm debelo

1½ žličke petih začimb v prahu

3 žlice rafiniranega kokosovega olja

1 manjša rdeča čebula, narezana na tanke trakove

1 majhen špargelj (približno 12 unč), obrezan in narezan na 3-palčne kose

1½ skodelice oranžnega in/ali rumenega korenja

4 stroki česna, sesekljani

1 čajna žlička drobno naribane pomarančne lupinice

¼ skodelice svežega pomarančnega soka

¼ skodelice juhe iz govejih kosti (glejrecept) ali nesoljeno govejo juho

¼ skodelice belega vinskega kisa

¼ do ½ čajne žličke zdrobljene rdeče paprike

8 skodelic narezanega zelja napa

½ skodelice praženih neslanih mandljev ali grobo sesekljanih neslanih indijskih oreščkov (glejte nasvet na strani 57)

1. Po želji delno zamrznite meso za lažje rezanje (približno 20 minut). Meso narežemo na zelo tanke rezine. V veliki skledi zmešajte govedino in pet začimb v prahu. V velikem voku ali zelo veliki ponvi segrejte 1 žlico kokosovega olja na srednje močnem ognju. Dodajte polovico mesa; kuhajte in mešajte 3 do 5 minut ali dokler ne porjavi. Meso prestavimo v skledo. Ponovite s preostalim mesom in še eno žlico olja. Meso prestavimo v skledo skupaj s pečenim mesom.

2. V isti vok dodajte preostalo 1 žlico olja. Dodajte čebulo; kuhamo in mešamo 3 minute. Dodamo šparglje in korenje; kuhajte in mešajte 2 do 3 minute oziroma dokler zelenjava ni hrustljavo mehka. Dodajte česen; kuhamo in mešamo še 1 minuto.

3. Za omako v majhni skledi zmešajte pomarančno lupinico, pomarančni sok, juho iz govejih kosti, kis in zdrobljeno rdečo papriko. V skledi zelenjavi v voku dodamo omako in vse meso s sokom. Kuhajte in mešajte 1 do 2 minuti ali dokler se ne segreje. Z žlico z režami prenesite govejo zelenjavo v veliko skledo. Pokrijte, da ostane toplo.

4. Omako kuhajte nepokrito na zmernem ognju 2 minuti. Dodajte zelje; kuhamo in mešamo 1 do 2 minuti oziroma dokler se zelje ne zmehča. Ohrovt in sokove od kuhanja razdelimo na štiri krožnike. Enakomerno potresemo z mesno mešanico. Potresemo z orehi.

CEDAR PLANK STEAK Z AZIJSKIMI PRELIVI IN ZELJNO SOLATO

POTOPITI:1 ura priprave: 40 minut na žaru: 13 minut počitek: 10 minut Izkoristek: 4 porcije.

NAPA ZELJE SE VČASIH IMENUJE KITAJSKO ZELJE.IMA LEPE NAGUBANE LISTE KREM BARVE S SVETLO RUMENO-ZELENIMI KONICAMI. IMA NEŽEN, GLADEK OKUS IN TEKSTURO, PRECEJ DRUGAČEN OD VOSKASTIH LISTOV OHROVTA, IN NI PRESENETLJIVO, DA JE NARAVEN V AZIJSKIH JEDEH.

1 velika cedra

¼ unče posušenih gob šitake

¼ skodelice orehovega olja

2 žlički sesekljanega svežega ingverja

2 žlički zdrobljene rdeče paprike

1 čajna žlička zdrobljenega sečuanskega popra

¼ žličke petih začimb v prahu

4 stroki česna, sesekljani

4 4- do 5-unčne goveje zrezke, narezane na ¾ do 1 palca debelo

Azijsko zelje (glej<u>recept</u>, Spodaj)

1. Postavite ploščo za žar v vodo; shujšati in se namakati vsaj 1 uro.
2. Medtem za azijski namaz v majhni posodi prelijemo z vrelo vodo posušene gobe šitake; pustite stati 20 minut, da se rehidrira. Gobe odcedimo in damo v

kuhinjski robot. Dodajte orehovo olje, ingver, zdrobljeno rdečo papriko, sečuanski poper, pet začimb v prahu in česen. Pokrijte in obdelujte, dokler se gobe ne nasekljajo in sestavine ne povežejo; dati na stran.

3. Izpraznite ploščo za žar. Za žar na oglje postavite oglje na srednji ogenj okoli žara. Desko položite na žar neposredno nad premog. Pokrijte in pecite na žaru 3 do 5 minut ali dokler žar ne začne pokati in se kaditi. Zrezke položite na žar neposredno na vroče oglje; žaru 3 do 4 minute ali dokler ne zogleni. Prenesite zrezke na krožnik, ocvrte strani navzgor. Pladenj postavite na sredino žara. Azijsko omako razdelite med zrezke. Pokrijte in pecite na žaru 10 do 12 minut ali dokler termometer s takojšnjim odčitavanjem, vstavljen vodoravno v zrezke, ne pokaže 130 °F. (Za plinske žare predhodno segrejte žar. Zmanjšajte toploto na srednjo. Postavite prazno desko na rešetko; pokrijte in pecite 3 do 5 minut ali dokler deska ne začne pokati in se kaditi. Filete postavite na žar za 3 do 4 minute ali dokler ne na mizi, ocvrt s stranicami navzgor. Prilagodite rešetko za indirektno kuhanje; na ugasnjen gorilnik postavimo krožnik s fileji. Prelive razdelite po zrezkih. Pokrijte in pecite na žaru 10 do 12 minut ali dokler termometer s takojšnjim odčitavanjem, vstavljen vodoravno v filete, ne pokaže 130 °F.) Prilagodite rešetko za indirektno kuhanje; na ugasnjen gorilnik postavimo krožnik s fileji. Prelive razdelite po zrezkih. Pokrijte in pecite na žaru 10 do 12 minut ali dokler termometer s takojšnjim odčitavanjem, vstavljen vodoravno v filete,

ne pokaže 130 °F.) Prilagodite rešetko za indirektno kuhanje; na ugasnjen gorilnik postavimo krožnik s fileji. Prelive razdelite po zrezkih. Pokrijte in pecite na žaru 10 do 12 minut ali dokler termometer s takojšnjim odčitavanjem, vstavljen vodoravno v fileje, ne pokaže 130 °F.) Pokrijte in pecite na žaru 10 do 12 minut ali dokler termometer s takojšnjim odčitavanjem, vstavljen vodoravno v filete, ne pokaže 130 °F.) Prilagodite rešetko za indirektno kuhanje; na ugasnjen gorilnik postavimo krožnik s fileji. Prelive razdelite po zrezkih. Pokrijte in pecite na žaru 10 do 12 minut ali dokler termometer s takojšnjim odčitavanjem, vstavljen vodoravno v filete, ne pokaže 130 °F.) Prilagodite rešetko za indirektno kuhanje; na ugasnjen gorilnik postavimo krožnik s fileji. Prelive razdelite po zrezkih. Pokrijte in pecite na žaru 10 do 12 minut ali dokler termometer s takojšnjim odčitavanjem, vstavljen vodoravno v fileje, ne pokaže 130 °F.) Pokrijte in pecite na žaru 10 do 12 minut ali dokler termometer s takojšnjim odčitavanjem, vstavljen vodoravno v filete, ne pokaže 130 °F.) Prilagodite rešetko za indirektno kuhanje; na ugasnjen gorilnik postavimo krožnik s fileji. Prelive razdelite po zrezkih. Pokrijte in pecite na žaru 10 do 12 minut ali dokler termometer s takojšnjim odčitavanjem, vstavljen vodoravno v filete, ne pokaže 130 °F.) Prilagodite rešetko za indirektno kuhanje; na ugasnjen gorilnik postavimo krožnik s fileji. Prelive razdelite po zrezkih. Pokrijte in pecite na žaru 10 do 12 minut ali dokler termometer s takojšnjim odčitavanjem, vstavljen vodoravno v fileje, ne pokaže

130 °F.) na ugasnjen gorilnik postavimo krožnik s fileji. Prelive razdelite po zrezkih. Pokrijte in pecite na žaru 10 do 12 minut ali dokler termometer s takojšnjim odčitavanjem, vstavljen vodoravno v fileje, ne pokaže 130 °F.) na ugasnjen gorilnik postavimo krožnik s fileji. Prelive razdelite po zrezkih. Pokrijte in pecite na žaru 10 do 12 minut ali dokler termometer s takojšnjim odčitavanjem, vstavljen vodoravno v fileje, ne pokaže 130 °F.)

4. Odstranite zrezke z žara. Zrezke ohlapno pokrijte s folijo; pustimo počivati 10 minut. Zrezke narežite na ¼ palca debele rezine. Zrezek postrezite čez azijsko solato.

Azijska solata: V veliki skledi zmešajte 1 srednje veliko glavo napa zelja, narezano na tanke rezine; 1 skodelica drobno narezanega rdečega zelja; 2 korenčka, olupljena in narezana; 1 rdeča ali rumena paprika, brez semen in zelo tanko narezana; 4 mlade čebule, drobno narezane na pristranskost; 1 do 2 papriki serrano, brez semen in sesekljani (glejtevitka); 2 žlici sesekljanega koriandra; in 2 žlici sesekljane mete. Za preliv v kuhinjskem robotu ali mešalniku zmešajte 3 žlice svežega limoninega soka, 1 žlico naribanega svežega ingverja, 1 nasekljan strok česna in ⅛ čajne žličke petih začimb v prahu. Končano in obdelano do gladkega. Pri delujočem procesorju postopoma dodajajte ½ skodelice orehovega olja in mešajte, dokler ni gladka. Prelivu dodajte 1 mlado čebulo, narezano na tanke rezine. Prelijemo po solati in premešamo.

V PONVI OCVRTI TRITIP ZREZKI S CVETAČNO FEFERONATO

DOMAČA NALOGA:25 minut Čas kuhanja: 25 minut
Dobitek: 2 porciji

PEPERONATA JE TRADICIONALNO POČASI PRAŽEN RAGU.SLADKIH PAPRIK S ČEBULO, ČESNOM IN ZELIŠČI. TA NA HITRO POPEČENA RAZLIČICA, BOLJ OKUSNA S CVETAČO, SE OBNESE TAKO KOT PRILOGA KOT PRILOGA.

2 zrezka s tremi konicami od 4 do 6 unč, narezana na ¾ do 1 palca debelo

¾ žličke črnega popra

2 žlici ekstra deviškega oljčnega olja

2 rdeči in/ali rumeni papriki, brez semen in narezani

1 šalotka, narezana na tanke rezine

1 žlička sredozemskih začimb (glejrecept)

2 skodelici majhnih cvetov cvetače

2 žlici balzamičnega kisa

2 žlički svežega timijana, narezanega na trakove

1. Zrezke osušite s papirnatimi brisačkami. Filete potresemo z ¼ čajne žličke črnega popra. V veliki ponvi segrejte 1 žlico olja na srednje močnem ognju. Dodajte filete v ponev; zmanjšajte toploto na srednjo. Kuhajte 6 do 9 minut na zmernem ognju (145 °F) in občasno obrnite. (Če meso prehitro porjavi, zmanjšajte toploto.) Odstranite fileje iz ponve; ohlapno pokrijte s folijo, da ostane toplo.

2. Za peperonato v ponev dodajte preostalo 1 žlico olja. Dodamo papriko in šalotko. Potresemo z

mediteranskimi začimbami. Na zmernem ognju kuhamo približno 5 minut oziroma toliko časa, da se paprika zmehča, občasno premešamo. Dodajte cvetačo, balzamični kis, timijan in preostalo ½ čajne žličke črnega popra. Pokrijte in med občasnim mešanjem kuhajte 10 do 15 minut oziroma dokler se cvetača ne zmehča. Fileje damo nazaj v ponev. Fileje prelijemo z mešanico peperonate. Postrezite takoj.

ZREZKI NA ŽARU AU POIVRE Z GOBOVO OMAKO IN DIJONOM

DOMAČA NALOGA:15 minutni čas kuhanja: 20 minut.
Dobitek: 4 porcije

TA ZREZEK PO FRANCOSKEM NAVDIHU Z GOBOVO OMAKONA MIZI JE LAHKO V NEKAJ VEČ KOT 30 MINUTAH, ZARADI ČESAR JE ODLIČNA MOŽNOST ZA HITRO VEČERJO.

ZREZKI

3 žlice ekstra deviškega oljčnega olja

1 funt mladih špargljev, narezanih

4 6-unčni zrezki (govedina brez kosti) *

2 žlici svežega rožmarina narezanega na trakove

1½ žličke mletega črnega popra

DIP

8 unč narezanih svežih gob

2 stroka česna sesekljana

½ skodelice juhe iz govejih kosti (glejrecept)

¼ skodelice suhega belega vina

1 žlica dijonske gorčice (glejrecept)

1. V veliki ponvi na srednje močnem ognju segrejte 1 žlico olja. Dodamo šparglje; kuhajte 8 do 10 minut ali dokler ne postane hrustljavo, občasno obrnite ploščice, da preprečite gorenje. Šparglje preložimo na krožnik; Pokrijte z aluminijasto folijo, da ostane toplo.

2. Fileje potresemo z rožmarinom in poprom; drgnite s prsti. V isti ponvi na srednje močnem ognju segrejte preostali 2 žlici olja. Dodajte fileje; zmanjšajte toploto na srednjo. Kuhajte 8 do 12 minut na zmernem ognju (145 °F), meso občasno obrnite. (Če meso prehitro porjavi, zmanjšajte toploto.) Odstranite meso iz ponve in prihranite maščobo. Fileje ohlapno pokrijemo z aluminijasto folijo, da ostanejo topli.

3. Za omako na maščobo v ponvi dodamo gobe in česen; kuhajte do mehkega in občasno premešajte. Dodajte juho, vino in dijonsko gorčico. Kuhajte na zmernem ognju in postrgajte morebitne rjave koščke na dnu ponve. Zavremo; kuhajte še 1 minuto.

4. Šparglje razdelite na štiri ravne krožnike. Vrh s fileti; fileje prelijemo z omako.

*Opomba: Če ne najdete 6-unčnih ploščatih zrezkov, kupite dva 8-12 unč zrezka in ju prerežite na pol, da dobite štiri zrezke.

ZREZKI NA ŽARU S SOLATO S SALSO IN KARAMELIZIRANO ČEBULO

DOMAČA NALOGA:30 minut Mariniranje: 2 uri Peka: 20 minut Hlajenje: 20 minut Žar: 45 minut Izkoristek: 4 porcije

ZREZEK NA ŽARU JE RELATIVNO NOV.REZ RAZVIL ŠELE PRED NEKAJ LETI. IZREZANO IZ AROMATIČNEGA VPENJALNEGA DELA BLIZU LOPATICE JE PRESENETLJIVO NEŽNO IN IMA VELIKO DRAŽJI OKUS KOT JE, KAR VERJETNO POJASNJUJE NJEGOVO HITRO RAST PRILJUBLJENOSTI.

ZREZKI

⅓ skodelice svežega limetinega soka

¼ skodelice ekstra deviškega oljčnega olja

¼ skodelice grobo sesekljanega cilantra

5 sesekljanih strokov česna

4 zrezki po 6 unč na žaru (govedina brez kosti)

SOLATNI PRELIV

1 kumara (angleška) brez semen (po želji olupljena), narezana na kocke

1 skodelica grozdnih paradižnikov, narezanih na četrtine

½ skodelice sesekljane rdeče čebule

½ skodelice grobo sesekljanega koriandra

1 poblano paprika, brez semen in narezana na kocke (glejvitka)

1 jalapeño, brez semen in narezan (glejvitka)

3 žlice svežega limoninega soka

2 žlici ekstra deviškega oljčnega olja

KARAMELIZIRANA ČEBULA

2 žlici ekstra deviškega oljčnega olja

2 veliki sladki čebuli (kot so Maui, Vidalia, Texas Sweet ali Walla Walla)

½ čajne žličke mletega chipotle čilija

1. Za zrezke postavite zrezke v plastično vrečko, ki jo je mogoče ponovno zapreti, v plitvo posodo; dati na stran. V majhni skledi zmešajte limonin sok, olje, koriander in česen; fileje stresite v vrečko. Zaprite vrečko; obrnite na step. Pustite, da se marinira v hladilniku 2 uri.

2. Za solato v veliki skledi zmešajte kumare, paradižnike, čebulo, koriander, poblano in jalapeño. Zmešajte, da se poveže. Za preliv v majhni skledi zmešajte limonin sok in olivno olje. Prelijte preliv čez zelenjavo; vreči nositi. Pokrijte in ohladite do serviranja.

3. Za čebulo segrejte pečico na 400° F. Notranjost nizozemske pečice namažite z malo olivnega olja; dati na stran. Čebulo po dolžini prerežite na pol, odstranite lupino in jo prečno narežite na ¼ palca debelo. V nizozemski pečici zmešajte preostalo oljčno olje, čebulo in poper. Pokrijte in pecite 20 minut. Odkrijte in pustite, da se ohladi približno 20 minut.

4. Ohlajeno čebulo preložimo v vrečko za pečenje iz aluminijaste folije ali čebulo zavijemo v dvojno debelo aluminijasto folijo. Z nabodalom prebodemo folijo na več mestih.

5. Pri žaru na oglje postavite oglje na srednji ogenj okoli žara. Testirajte na srednji vročini nad sredino žara.

Paket postavite na sredino okvirja. Pokrijte in pecite na žaru približno 45 minut ali dokler čebula ni mehka in zlato rjava. (Za plinski žar predhodno segrejte žar. Zmanjšajte toploto na srednjo temperaturo. Nastavite na indirektno kuhanje. Paket položite na ugasnjen gorilnik. Pokrijte in pecite na žaru po navodilih.)

6. Odstranite fileje iz marinade; zavrzite marinado. Za žar na oglje ali plinski žar položite zrezke neposredno na žar na srednje močan ogenj. Pokrijte in pecite na žaru 8 do 10 minut ali dokler termometer s takojšnjim odčitavanjem, vstavljen vodoravno v zrezke, ne pokaže 135 °F in enkrat obrnite. Fileje preložimo na krožnik, ohlapno pokrijemo s folijo in pustimo počivati 10 minut.

7. Za serviranje salso solato razdelite na štiri krožnike. Na vsak krožnik razporedite en file in na vrh potresite veliko karamelizirane čebule. Postrezite takoj.

Navodila za pripravo: Salsa solato lahko naredite in ohladite do 4 ure, preden jo postrežete.

REBULE NA ŽARU S ČEBULO IN ČESNOM NA "MASLU"

DOMAČA NALOGA:10 minut kuhanja: 12 minut hlajenja: 30 minut pečenja na žaru: 11 minut priprave: 4 porcije

TOPLOTA SVEŽE PEČENIH ZREZKOV SE STOPIKUPČKI KARAMELIZIRANE ČEBULE, ČESNA IN ZELIŠČ V BOGATO AROMATIZIRANI MEŠANICI KOKOSOVEGA OLJA IN OLJČNEGA OLJA.

2 žlici nerafiniranega kokosovega olja

1 majhna čebula, prepolovljena in narezana na zelo tanke rezine (približno ¾ skodelice)

1 strok česna, narezan na zelo tanke rezine

2 žlici ekstra deviškega oljčnega olja

1 žlica svežega peteršilja, narezanega na trakove

2 žlički svežega naribanega timijana, rožmarina in/ali origana

4 goveji zrezki po 8-10 unč, narezani na 1 cm debelo

½ žličke sveže mletega črnega popra

1. V srednje veliki ponvi na majhnem ognju stopite kokosovo olje. Dodajte čebulo; kuhajte 10 do 15 minut ali dokler rahlo ne porjavi, občasno premešajte. Dodajte česen; kuhajte 2 do 3 minute dlje ali dokler čebula ni zlato rjave barve, občasno premešajte.

2. Čebulno mešanico prenesite v manjšo skledo. Dodamo oljčno olje, peteršilj in timijan. Odkrito hladite 30 minut ali dokler zmes ni dovolj čvrsta, da po odstranitvi nastane kup, občasno premešajte.

3. Medtem fileje potresemo s poprom. Za žar na oglje ali plinski žar položite zrezke neposredno na žar na srednji ogenj. Pokrijte in pecite na žaru 11 do 15 minut za srednje pečene (145 °F) ali 14 do 18 minut za srednje pečene (160 °F), pri čemer jih na polovici pečenja enkrat obrnite.

4. Za serviranje vsak file položite na servirni krožnik. Čebulno mešanico takoj enakomerno prelijemo po filejih.

RIBEYE SOLATA S PESO NA ŽARU

DOMAČA NALOGA:20 minut žara: 55 minut počitek: 5 minut Izkoristek: 4 porcije

ZEMELJSKOST PESE SE ČUDOVITO ZLIJES SLADKIMI POMARANČAMI IN PRAŽENIMI OREHI DODA HRUSTLJAVOST TEJ GLAVNI SOLATI, KI JE POPOLNA ZA VEČERJO NA PROSTEM V TOPLI POLETNI NOČI.

1 funt srednje zlate in/ali pese, oprane, obrezane in narezane na kolesca

1 majhna čebula, narezana na tanke trakove

2 vejici svežega timijana

1 žlica ekstra deviškega oljčnega olja

mleti črni poper

2 goveja zrezka brez kosti po 8 unč, narezana na ¾ palca debelo

2 stroka česna, prerezana na pol

2 žlici sredozemskih začimb (glejrecept)

6 skodelic mešane solate

2 pomaranči, olupljeni, narezani in grobo sesekljani

½ skodelice sesekljanih orehov, opečenih (glejvitka)

½ skodelice vinaigrette iz svetlih citrusov (glejrecept)

1. V alu folijo razporedimo vejice rdeče pese, čebulo in timijan. Pokapajte z oljem in premešajte, da se združi; potresemo z rahlo zdrobljenim črnim poprom. Za žar na oglje ali plin postavite ponev na sredino žara. Pokrijte in pecite na žaru 55 do 60 minut ali dokler se

ne zmehča, ko ga prebodete z nožem, občasno premešajte.

2. Medtem obe strani filejev natrite z odrezanimi stranicami česna; potresemo z mediteranskimi začimbami.

3. Peso premaknite na sredino rešetke, da naredite prostor za zrezke. Dodajte zrezke neposredno na žar na srednji vročini. Pokrijte in pecite na žaru 11 do 15 minut za srednje pečene (145 °F) ali 14 do 18 minut za srednje pečene (160 °F), pri čemer jih na polovici pečenja enkrat obrnite. Odstranite folijo in fileje z žara. Fileje pustimo počivati 5 minut. Timijanove vejice zavrzite z aluminijaste folije.

4. Zrezek diagonalno tanko narežemo na primerno velike kose. Zelenjavo razdelite na štiri krožnike. Po vrhu potresemo narezan zrezek, peso, rezine čebule, sesekljane pomaranče in orehe. Pokapljajte s svetlim vinom iz citrusov.

KOREJSKA REBRCA Z OCVRTIM INGVERJEVIM ZELJEM

DOMAČA NALOGA:Kuhajte 50 minut: Pecite 25 minut: Hladite 10 ur: Čez noč Dobitek: 4 porcije

PREPRIČAJTE SE, DA JE POKROV VAŠE NIZOZEMSKE PEČICE ZAPRTZELO DOBRO SE PRILEGA, DA MED ZELO DOLGIM KUHANJEM TEKOČINA ZA KUHANJE NE IZHLAPI SKOZI REŽO MED POKROVOM IN LONCEM.

1 unča posušenih gob šitake

1½ skodelice sesekljanega drobnjaka

1 azijska hruška, olupljena, stržena in narezana

1 3-palčni kos svežega ingverja, olupljen in narezan

1 serrano paprika, drobno sesekljana (po želji brez semen) (glejtevitka)

5 strokov česna

1 žlica rafiniranega kokosovega olja

5 funtov govejih reber s kostmi

sveže mlet črni poper

4 skodelice juhe iz govejih kosti (glejrecept) ali nesoljeno govejo juho

2 skodelici narezanih svežih gob šitake

1 žlica drobno naribane pomarančne lupinice

⅓ skodelice svežega soka

Ocvrto ingverjevo zelje (glejrecept, Spodaj)

Drobno naribana pomarančna lupinica (po želji)

1. Pečico segrejte na 325° F. V majhno skledo dajte posušene gobe šitake; dodajte toliko vrele vode, da pokrije. Pustite približno 30 minut ali dokler ni

rehidrirana in gladka. Odcedimo, tekočino za namakanje prihranimo. Gobe drobno sesekljajte. Postavite gobe v majhno skledo; pokrijte in ohladite, dokler ni potrebno v 4. koraku. Gobe in tekočino odstavite.

2. Za omako v kuhinjskem robotu zmešajte čebulo, azijsko hruško, ingver, serrano, česen in rezervirano tekočino iz gob. Končano in obdelano do gladkega. Omako odstavimo.

3. Segrejte kokosovo olje v 6-litrski ponvi na srednje močnem ognju. Potresemo s sveže mletim črnim poprom. Pecite rebra v serijah na vročem kokosovem olju približno 10 minut ali dokler dobro ne porjavijo z vseh strani, na polovici pečenja pa jih obrnite. V lonec dajte vsa rebra; dodamo omako in govejo juho. Nizozemsko pečico pokrijte z nepredušnim pokrovom. Pečemo približno 10 ur oziroma dokler meso ni zelo mehko in začne odpadati od kosti.

4. Rebra previdno poberemo iz omake. Rebra in omako dajte v ločene sklede. Pokrijte in hladite čez noč. Ko se ohladi, odstranite maščobo s površine omake in jo zavrzite. Na močnem ognju zavrite; dodajte rehidrirane gobe iz 1. koraka in sveže gobe. Porahlo kuhajte 10 minut, da se omaka zmanjša in okrepi okus. Vrnite rebra v omako; dušite, dokler se ne segreje. Dodajte 1 žlico pomarančne lupine in pomarančni sok. Postrezite z ocvrtim ingverjevim zeljem. Po želji dodatno potresemo s pomarančno lupinico.

Pečeno ingverjevo zelje: V veliki ponvi na srednje močnem ognju segrejte 1 žlico rafiniranega kokosovega olja. Dodajte 2 žlici mletega svežega ingverja; 2 mleta stroka česna; in zdrobljeno rdečo papriko po okusu. Kuhajte in mešajte, dokler ne zadiši, približno 30 sekund. Dodajte 6 skodelic naribanega napa, ohrovta ali zelenjave in 1 azijsko hruško, olupljeno, strženo in na tanke rezine narezano. Kuhajte in mešajte 3 minute oziroma dokler zelje rahlo oveni in hruška ni mehka. Dodajte ½ skodelice nesladkanega jabolčnega soka. Pokrito kuhamo približno 2 minuti, da se zelje zmehča. Dodajte ½ skodelice narezane čebule in 1 žlico sezamovih semen.

GOVEJA REBRA S CITRUSI IN GREMOLATO IZ KOROMAČA

DOMAČA NALOGA:40 minut žara: 8 minut počasnega kuhanja: 9 ur (nizko) ali 4 ure in pol (močno) Izkoristek: 4 porcije

---

GREMOLATA JE OKUSEN ZVAREKPETERŠILJA, ČESNA IN LIMONINE LUPINICE, POTRESENE PO OSSO BUCCO, KLASIČNI ITALIJANSKI JEDI IZ TELEČJE PEČENKE, DA OSVETLIJO BOGATE, MASLENE OKUSE. ČE DODAMO POMARANČNO LUPINO IN SVEŽE LISTJE PERNATEGA KOMARČKA, NAREDIMO ENAKO S TEM NEŽNIM GOVEJIM KRATKIM REBRCEM.

RAZTRGANO

2½ do 3 funte govejih reber s kostmi

3 žlice limoninih zelišč (glejrecept)

1 srednja čebulica komarčka

1 velika čebula, narezana na velike kline

2 skodelici juhe iz govejih kosti (glejrecept) ali nesoljeno govejo juho

2 stroka česna, prerezana na pol

PEČENA BUČA

3 žlice ekstra deviškega oljčnega olja

1 funt maslene buče, olupljene, brez semen in narezane na ½-palčne koščke (približno 2 skodelici)

4 žličke svežega timijana, narezanega na trakove

ekstra deviško olivno olje

GREMOLATA

¼ skodelice sesekljanega svežega peteršilja

2 žlici sesekljanega česna

1½ žličke drobno naribane limonine lupinice

1½ žličke drobno naribane pomarančne lupinice

1. Rebra potresemo z začimbo limoninih zelišč; meso rahlo podrgnite s prsti; dati na stran. Odstranite liste iz koromača; rezervat za Citrus and Fennel Gremolata. Čebulico koromača prerežemo in razpolovimo.

2. Za žar na oglje postavite oglje na zmeren ogenj na eno stran žara. Poskusite zmerno vročino nad stranjo žara brez oglja. Na stran žara brez oglja postavite rešetko; četrtine koromača in rezine čebule položite na rešetko neposredno nad oglje. Pokrijte in pecite na žaru 8 do 10 minut ali dokler zelenjava in rebra ne porjavijo, pri čemer jih na polovici pečenja enkrat obrnite. (Za plinski žar predhodno segrejte žar, zmanjšajte toploto na srednjo temperaturo. Nastavite na indirektno kuhanje. Rebra položite na žar nad šibkim gorilnikom; na žar položite koromač in čebulo na žar nad prižganim gorilnikom. Pokrijte in pecite na žaru v skladu z navodili.) Ko se dovolj ohladijo, mogoče ravnati. ,

3. V 5- do 6-litrskem počasnem kuhalniku zmešajte sesekljan koromač in čebulo, juho iz govejih kosti in česen. Dodajte rebra. Pokrijte in kuhajte na nizki temperaturi 9 do 10 ur ali 4½ do 5 ur na visoki temperaturi. Z žlico z režami prenesite rebra na krožnik; Pokrijte z aluminijasto folijo, da ostane toplo.

4. Medtem za bučo v veliki ponvi segrejte 3 žlice olja na srednje močnem ognju. Dodajte bučo in 3 čajne žličke timijana ter premešajte, da se buča prekrije. Bučo v eni plasti razporedite po ponvi in jo brez mešanja kuhajte približno 3 minute oziroma dokler ni porjavela na spodnji strani. Kose buče obrnite; kuhajte še približno 3 minute ali dokler druge strani ne porjavijo. Zmanjšajte toploto na nizko; pokrijte in kuhajte 10 do 15 minut ali dokler se ne zmehča. Potresemo s preostalo žličko svežega timijana; pokapajte z dodatnim oljčnim oljem.

5. Za gremolato sesekljajte toliko listov koromača, da dobite ¼ skodelice. V majhni skledi zmešajte sesekljane liste koromača, peteršilj, česen, limonino in pomarančno lupinico.

6. Gremolato potresemo po rebrcih. Postrezite z bučo.

MESNE PITE NA ŠVEDSKI NAČIN S SOLATO IZ KUMAR IN GORČICE

DOMAČA NALOGA:30 minut Čas kuhanja: 15 minut
Dobitek: 4 porcije

BEEF À LA LINDSTROM JE ŠVEDSKI HAMBURGERTRADICIONALNO OBLEČENO S ČEBULO, KAPRAMI IN KISLO PESO, POSTREŽENO Z OMAKO IN BREZ ŽEMLJE. TA RAZLIČICA Z ZELIŠČI NADOMEŠČA PEČENO PESO Z VLOŽENO PESO IN KAPRAMI, NAPOLNJENO S SOLJO, NA VRHU PA JE OCVRTO JAJCE.

KUMARIČNA SOLATA

2 čajni žlički svežega pomarančnega soka

2 žlički belega vinskega kisa

1 čajna žlička dijonske gorčice (glejrecept)

1 žlica ekstra deviškega oljčnega olja

1 velika (angleška) kumara brez pečk, olupljena in narezana

2 žlici sesekljanega drobnjaka

1 žlica sesekljanega svežega kopra

MESNE EMPANADE

1 funt mlete govedine

¼ skodelice drobno sesekljane čebule

1 žlica dijonske gorčice (glejrecept)

¾ žličke črnega popra

½ žličke mletega popra

½ manjše rdeče pese, pražene, olupljene in drobno narezane*

2 žlici ekstra deviškega oljčnega olja

½ skodelice juhe iz govejih kosti (glejrecept) ali nesoljeno govejo juho
4 velika jajca
1 žlica drobno sesekljanega drobnjaka

1. Za kumarično solato v veliki skledi zmešajte pomarančni sok, kis in dijonsko gorčico. Počasi v tankem curku dodajte olivno olje in mešajte, dokler se preliv nekoliko ne zgosti. Dodajte kumare, čebulo in koper; mešajte, dokler se ne združi. Pokrijte in ohladite do serviranja.

2. Za govejo polpeto v veliki skledi zmešajte mleto govedino, čebulo, dijonsko gorčico, poper in zelišča. Dodamo pečeno peso in nežno premešamo, da se enakomerno vmeša v meso. Zmes oblikujte v štiri ½ palca debele polpete.

3. V veliki ponvi na srednje močnem ognju segrejte 1 žlico oljčnega olja. Burgerje cvremo približno 8 minut oziroma dokler niso zunaj porjaveli in pečeni (160°), pri čemer jih enkrat obrnemo. Torte preložimo na krožnik in ohlapno pokrijemo s folijo, da ostanejo tople. Dodajte juho iz govejih kosti in premešajte, da postrgate vse rjave koščke z dna ponve. Kuhajte približno 4 minute ali dokler se ne zmanjša na polovico. Torte premažite z zmanjšano količino soka iz pekača in ponovno ohlapno pokrijte.

4. Pekač splaknemo in osušimo s papirnato brisačo. Na zmernem ognju segrejte preostalo 1 žlico oljčnega olja. V vročem olju pražite jajce 3 do 4 minute

oziroma dokler se beljak ne strdi, rumenjak pa je mehak in tekoč.

5. V vsako mesno kroglico dajte jajce. Potresemo z drobnjakom in ponudimo s kumarično solato.

*Nasvet: Za pečenje rdeče pese jo dobro olupimo in položimo na aluminijasto folijo. Pokapljamo ga z malo olivnega olja. Zavijte v folijo in dobro zaprite. Pečemo v pečici pri 375 °F približno 30 minut ali dokler pese zlahka ne prebodemo z vilicami. Naj se ohladi; zdrsne s kože. (Reso lahko pečete največ 3 dni vnaprej. Olupljeno pečeno peso dobro zavijte in ohladite.)

GOVEJI BURGERJI NA ŽARU NA RUKOLI S PEČENO KORENASTO ZELENJAVO

DOMAČA NALOGA:Kuhanje 40 minut: 35 minut Pečenje: 20 minut Izkoristek: 4 porcije

MARSIKAJ JETA MOČAN BURGER TRAJA NEKAJ ČASA, DA SE SESTAVI, A NEVERJETNA KOMBINACIJA OKUSOV SE SPLAČA: GOVEDINA JE PRELITA S KARAMELIZIRANO ČEBULO IN GOBOVO OMAKO TER POSTREŽENA S PEČENO SLADKO ZELENJAVO IN PAPRIKO RUKOLO.

5 žlic ekstra deviškega oljčnega olja

2 skodelici sesekljanih svežih gob, cremini in/ali shiitake

3 rumene čebule, na tanke rezine*

2 žlički kuminovih semen

3 korenčke, olupljene in narezane na 1-palčne kose

2 pastinaka, olupljena in narezana na 1-palčne kose

1 želodova buča, razpolovljena, brez semen in narezana na kolesca

sveže mlet črni poper

2 funta mlete govedine

½ skodelice drobno sesekljane čebule

1 žlica večnamenske začimbne mešanice brez soli

2 skodelici juhe iz govejih kosti (glejrecept) ali nesoljeno govejo juho

¼ skodelice nesladkanega jabolčnega moštnika

1 do 2 žlici belega vinskega kisa ali suhega šerija

1 žlica dijonske gorčice (glejrecept)

1 žlica natrganih svežih listov timijana

1 žlica svežega peteršilja, narezanega na trakove
8 skodelic listov rukole

1. Pečico segrejte na 425 ° F. Za omako v veliki ponvi segrejte 1 žlico oljčnega olja na srednje močnem ognju. Dodajte gobe; kuhajte in mešajte približno 8 minut ali dokler dobro ne porjavi in postane mehko. Gobe z rešetkasto žlico preložimo na krožnik. Ponovno segrejte ponev; zmanjšajte toploto na srednjo. Dodajte 1 žlico olivnega olja, narezano čebulo in semena kumine. Pokrijte in kuhajte 20 do 25 minut ali dokler čebula ni zelo mehka in bogato porjavela, občasno premešajte. (Po potrebi prilagodite toploto, da preprečite, da bi se čebula zažgala.)

2. Medtem za pečene gomolje na velik pekač naložimo korenje, pastinak in bučo. Pokapljamo z 2 žlicama olivnega olja in po okusu potresemo s poprom; premešajte, da prekrijete zelenjavo. Pečemo 20 do 25 minut ali dokler se ne zmehčajo in začnejo rjaveti, na polovici pa jih enkrat obrnemo. Zelenjavo hranite na toplem, dokler ni pripravljena za serviranje.

3. Za burgerje v veliki skledi zmešajte mleto govedino, drobno narezano čebulo in mešanico začimb. Mesno mešanico razdelite na štiri enake dele in oblikujte približno ¾ palca debele polpete. V zelo veliki ponvi segrejte preostalo žlico oljčnega olja na srednje močnem ognju. Dodajte burgerje v ponev; kuhajte približno 8 minut ali dokler ne zogleni na obeh straneh in enkrat obrnite. Burgerje prestavimo na krožnik.

4. V ponev dodajte karamelizirano čebulo, rezervirane gobe, juho iz govejih kosti, jabolčni sok, šeri in dijonsko gorčico ter premešajte. Vrnite burgerje v ponev. Zavremo. Kuhajte, dokler burgerji niso kuhani (160 °F), približno 7 do 8 minut. Dodamo svež timijan, peteršilj in poper po okusu.
5. Za serviranje položite 2 skodelici rukole na vsakega od štirih servirnih krožnikov. Pečeno zelenjavo razdelite med solate, nato pa na vrh položite pite. Mešanico čebule obilno prelijte čez pleskavice.

*Nasvet: Rezalnik za mandolino je v veliko pomoč pri tankem rezanju čebule.

GOVEJI BURGERJI NA ŽARU S SEZAMOVIM PARADIŽNIKOM

DOMAČA NALOGA:30 minut počitka: 20 minut žara: 10 minut Dobitek: 4 porcije

HRUSTLJAVE IN ZLATE PARADIŽNIKOVE REZINE S SEZAMOVO SKORJICONADOMESTITE TRADICIONALNO ŽEMLJICO S SEZAMOM V TEH DIMLJENIH BURGERJIH. POSTREZITE JIH Z NOŽEM IN VILICAMI.

4 ½ palca debele rezine rdečega ali zelenega paradižnika*

1¼ funtov puste mlete govedine

1 žlica dimljene začimbe (glejrecept)

1 veliko jajce

¾ skodelice mandljeve moke

¼ skodelice sezamovih semen

¼ žličke črnega popra

1 manjša rdeča čebula, prepolovljena in narezana

1 žlica ekstra deviškega oljčnega olja

¼ skodelice rafiniranega kokosovega olja

1 majhna glava solate Bibb

Ketchup Paleo (glejrecept)

Dijonska gorčica (glejrecept)

1. Rezine paradižnika položite na dvojno plast papirnatih brisač. Paradižnik pokrijte z drugo dvojno plastjo brisače. Rahlo pritisnite na papirnate brisače, da se prilepijo na paradižnik. Pustite na sobni temperaturi 20 do 30 minut, da vpije nekaj paradižnikovega soka.

2. Medtem v veliki skledi zmešajte mleto govedino in prekajene začimbe. Oblikujte štiri pol palca debele polpete.

3. Jajce rahlo stepemo z vilicami v plitvi skledi. V drugi plitvi skledi zmešajte mandljevo moko, sezamovo seme in poper. Vsako rezino paradižnika pomočimo v jajce in jo obrnemo. Odcedite odvečno jajce. Vsako rezino paradižnika pomočite v mešanico mandljeve moke in jo obrnite za premaz. Pasirane paradižnike položimo na ravno ploščo; dati na stran. Rezine čebule prelijemo z oljčnim oljem; rezine čebule položite v košaro za pečenje.

4. Za žar na oglje ali plin položite čebulo v košaro, mesne kroglice pa na žar na srednji temperaturi. Pokrijte in pecite na žaru 10 do 12 minut, sicer bo čebula porjavela in rahlo zoglenela, burgerji pa so pripravljeni (160°), čebulo občasno premešajte in burgerje enkrat obrnite.

5. Medtem v veliki ponvi na srednjem ognju segrejte olje. Dodajte rezine paradižnika; kuhajte 8 do 10 minut ali do zlato rjave barve in enkrat obrnite. (Če paradižniki prehitro porjavijo, zmanjšajte ogenj na srednje nizko. Po potrebi dodajte več olja.) Odcedite na krožniku, obloženem s papirnato brisačo.

6. Za serviranje solato razdelite na štiri krožnike. Na vrh dajte polpete, čebulo, paleo kečap, dijonsko gorčico in sezamov paradižnik.

*Opomba: Verjetno boste potrebovali 2 velika paradižnika. Če uporabljate rdeče paradižnike, izberite paradižnike, ki so zreli, a še nekoliko čvrsti.

HAMBURGERJI NA PALČKI Z OMAKO BABA GHANOUSH

POTOPITI:15 minut priprava: 20 minut pečenje na žaru: 35 minut Izkoristek: 4 porcije

BABA GHANOUSH JE NADALJEVANJE BLIŽNJEGA VZHODAIZ DIMLJENEGA PIREJA PEČENIH JAJČEVCEV Z OLJČNIM OLJEM, LIMONO, ČESNOM IN TAHINIJEM, PIRE IZ MLETEGA SEZAMA. ŠČEPEC SEZAMOVIH SEMEN JE V REDU, A KO JIH PREDELAMO V OLJE ALI PASTO, POSTANEJO KONCENTRIRAN VIR LINOLNE KISLINE, KI LAHKO PRISPEVA K VNETJU. TU UPORABLJENO MASLO IZ PINJOL JE DOBER NADOMESTEK.

4 posušeni paradižniki

1½ funta puste mlete govedine

3 do 4 žlice drobno sesekljane čebule

1 žlica drobno sesekljanega svežega origana in/ali drobno sesekljane sveže mete ali ½ žličke posušenega origana, zdrobljenega

¼ čajne žličke kajenskega popra

Omaka za namakanje Baba Ghanoush (glejrecept, Spodaj)

1. Osem 10-palčnih lesenih nabodal za 30 minut namočite v vodo. Medtem v manjši posodi prelijemo paradižnik z vrelo vodo; pustite stati 5 minut, da se rehidrira. Paradižnike odcedimo in osušimo s papirnatimi brisačkami.

2. V veliki skledi zmešajte sesekljane paradižnike, mleto govedino, čebulo, origano in kajenski poper. Mesno mešanico razdelite na osem delov; vsak del zvaljajte v

kroglico. Odstranite nabodala iz vode; To vem. Na nabodalo navijte kroglico in okrog nabodala oblikujte dolg oval, začnite tik pod konico in pustite dovolj prostora na drugem koncu, da lahko nabodalo drži. Ponovite z ostalimi tirnicami in kroglicami.

3. Za žar na oglje ali plinski žar postavite mesna nabodala neposredno na žar na srednji ogenj. Pokrijte in pecite na žaru približno 6 minut ali dokler ni končano (160 °F), pri čemer na polovici pečenja enkrat obrnite. Postrezite z omako za namakanje Baba Ghanoush.

Omaka za namakanje Baba Ghanoush: 2 srednje velika jajčevca na več mestih prebodite z vilicami. Za žar na oglje ali plinski žar položite jajčevce na rešetko za žar neposredno na srednji ogenj. Pokrijte in pecite na žaru 10 minut ali dokler ne zogleni z vseh strani, med pečenjem večkrat obrnite. Jajčevce odstranimo in previdno zavijemo v alu folijo. Zavite jajčevce položite nazaj na žar, vendar ne neposredno na oglje. Pokrijte in pecite na žaru dodatnih 25 do 35 minut ali dokler ne postanejo drobci in zelo mehki. Kul. Jajčevec prerežite na pol in iz njega postrgajte pulpo; dajte meso v kuhinjski robot. Dodajte ¼ skodelice masla iz pinjol (glejterecept); ¼ skodelice svežega limoninega soka; 2 mleta stroka česna; 1 žlica ekstra deviškega oljčnega olja; 2 do 3 žlice svežega peteršilja, narezanega na trakove; in ½ čajne žličke mlete kumine. Končano in obdelano skoraj do gladkega. Če je omaka pregosta za namakanje, dodajte toliko vode, da dobite želeno gostoto.

DIMLJENE POLNJENE PAPRIKE

DOMAČA NALOGA:Kuhano 20 minut: Pečeno 8 minut: 30 minut Izkoristek: 4 porcije

NAJ BO TO PRILJUBLJENA DRUŽINAZ MEŠANICO PISANIH SLADKIH PAPRIK ZA ZNAČILNO JED. PEČEN PARADIŽNIK JE DOBER PRIMER DODAJANJA ODLIČNEGA OKUSA HRANI NA ZDRAV NAČIN. ENOSTAVNO POOGLENITEV PARADIŽNIKA PRED KONZERVIRANJEM (BREZ SOLI) IZBOLJŠA OKUS.

4 velike zelene, rdeče, rumene in/ali oranžne paprike

1 funt mlete govedine

1 žlica dimljene začimbe (glejrecept)

1 žlica ekstra deviškega oljčnega olja

1 majhna rumena čebula, sesekljana

3 stroke česna sesekljane

1 manjša glava cvetače, očiščena in narezana na kolesca

1 15-unčna pločevinka brez dodane soli narezan na ognju pražen paradižnik, odcejen

¼ skodelice drobno sesekljanega svežega peteršilja

½ čajne žličke črnega popra

⅛ čajne žličke kajenskega popra

½ skodelice preliva iz orehovih drobtin (glejterecept, Spodaj)

1. Pečico segrejte na 375° F. Paprike navpično prerežite na pol. Odstranite stebla, semena in membrane; vrzi stran Polovice paprike odstavimo.

2. Postavite mleto govedino v srednjo skledo; potresemo z dimljenimi začimbami. Z rokami nežno vmešajte začimbe v meso.

3. V večji ponvi segrejte olivno olje na zmernem ognju. Dodajte meso, čebulo in česen; kuhajte, dokler meso ne porjavi in čebula ni mehka, mešajte z leseno kuhalnico, da meso razdrobite. Odstranite ponev z ognja.

4. Cvetače obdelajte v kuhinjskem robotu, dokler niso drobno sesekljani. (Če nimate kuhinjskega robota, cvetačo naribajte.) Odmerite 3 skodelice cvetače. Dodajte mešanici mletega govejega mesa v ponvi. (Če ostane cvetača, jo shranite za drugo uporabo.) Dodajte odcejene paradižnike, peteršilj, črni poper in kajenski poper.

5. Paprike do polovice napolnite z zmesjo mletega govejega mesa, jih narahlo zatlačite in rahlo nabodite. Polovičke polnjene paprike razporedimo po pekaču. Pečemo 30 do 35 minut oziroma toliko časa, da paprika postane hrustljava. * Prelijemo z orehovim drobljencem. Po želji vrnite v pečico za 5 minut, da postane hrustljavo pred serviranjem.

Preliv iz orehovih drobtin: V srednje veliki ponvi segrejte 1 žlico ekstra deviškega oljčnega olja na srednje nizkem ognju. Dodajte 1 žličko posušenega timijana, 1 žličko prekajene paprike in ¼ žličke česna v prahu. Dodamo 1 skodelico drobno sesekljanih orehov. kuhajte in mešajte približno 5 minut oziroma dokler orehi niso zlato rjavi in rahlo popečeni. Dodamo ščepec ali dva kajenskega popra. Naj se popolnoma ohladi. Ostanke namaza do uporabe shranite v tesno zaprti posodi v hladilniku. Naredi 1 skodelico.

*Opomba: Če uporabljate zeleno papriko, pecite še dodatnih 10 minut.

BIZON BURGERJI S CABERNET ČEBULO IN RUKOLO

DOMAČA NALOGA:Kuhanje 30 minut: 18 minut Žar: 10 minut Izkoristek: 4 porcije

BIZON IMA ZELO NIZKO VSEBNOST MAŠČOBIN BO KUHANA 30 % DO 50 % HITREJE KOT GOVEDINA. MESO PO KUHANJU OHRANI SVOJO RDEČO BARVO, ZATO BARVA NI ZNAK, DA JE PRIPRAVLJENO. KER JE BIZON TAKO PUST, GA NE KUHAJTE NAD NOTRANJO TEMPERATURO 155 °F.

2 žlici ekstra deviškega oljčnega olja

2 veliki sladki čebuli, narezani na tanke rezine

¾ skodelice cabernet sauvignona ali drugega suhega rdečega vina

1 žlička sredozemskih začimb (glejrecept)

¼ skodelice ekstra deviškega oljčnega olja

¼ skodelice balzamičnega kisa

1 žlica drobno sesekljane šalotke

1 žlica sesekljane sveže bazilike

1 majhen strok česna, sesekljan

1 funt mletega bizona

¼ skodelice bazilikinega pesta (glejrecept)

5 skodelic rukole

Nesoljene surove pistacije, pražene (glejvitka)

1. V veliki ponvi na srednje nizkem ognju segrejte 2 žlici olja. Dodajte čebulo. pokrito kuhajte 10 do 15 minut ali dokler se čebula ne zmehča, občasno premešajte. Odkrijte; kuhajte in mešajte na srednje močnem ognju 3 do 5 minut ali dokler čebula ne postane zlato

rjava. Dodajte vino; kuhamo približno 5 minut oziroma dokler večina vina ne izhlapi. Potresemo z mediteranskimi začimbami; obdrži toplo

2. Medtem za vinaigrette zmešajte ¼ skodelice oljčnega olja, kis, šalotko, baziliko in česen v kozarcu z navojem. Zaprite in dobro pretresite.

3. V veliki skledi rahlo zmešajte mlet bizon in bazilikin pesto. Mesno mešanico narahlo oblikujte v štiri ¾ palca debele polpete.

4. Za žar na oglje ali plinski žar položite krekerje na rahlo naoljeno rešetko za žar neposredno na srednji ogenj. Pokrijte in pecite na žaru približno 10 minut, dokler ni pečeno (145 °F za srednje pečeno ali 155 °F za srednje pečeno), na polovici časa pa enkrat obrnite.

5. V veliko skledo dajte rukolo. Prelijte vinaigrette čez rukolo; vreči nositi. Za serviranje razdelite čebulo na štiri krožnike; na vrhu vsakega z bizonovo patty. Burgerje prelijemo z rukolo in potresemo s pistacijami.

BIZON IN JAGNJETINA NA BLITVI IN SLADKEM KROMPIRJU

DOMAČA NALOGA:1 ura kuhanja: 20 minut peke: 1 ura počitka: 10 minut Izkoristek: 4 porcije

TO JE STAROMODNA TOLAŽILNA HRANAZ MODERNIM PRIDIHOM. OMAKA IZ RDEČEGA VINA DAJE MESNI ŠTRUCI IZBRUH OKUSA, STROKI ČESNA IN SLADKI PIRE KROMPIR S KREMO IZ INDIJSKIH OREŠČKOV IN KOKOSOVIM OLJEM PA PONUJAJO NEVERJETNO HRANILNO VREDNOST.

2 žlici olivnega olja

1 skodelica drobno sesekljanih gob cremini

½ skodelice drobno sesekljane rdeče čebule (1 srednja)

½ skodelice drobno sesekljane zelene (1 steblo)

⅓ skodelice drobno sesekljanega korenja (1 majhen)

½ manjšega jabolka, brez peščic, olupljenega in naribanega

2 stroka česna sesekljana

½ žličke sredozemskih začimb (glejrecept)

1 veliko jajce, rahlo stepeno

1 žlica svežega žajblja, narezanega na trakove

1 žlica svežega timijana, narezanega na trakove

8 unč mletega bizona

8 unč jagnjetine ali govedine

¾ skodelice suhega rdečega vina

1 srednja šalotka, drobno sesekljana

¾ skodelice goveje kostne juhe (glejrecept) ali nesoljeno govejo juho

sladki pire krompir (glejrecept, Spodaj)

Blitva s česnom (glrecept, Spodaj)

1. Pečico segrejte na 350° F. V veliki ponvi segrejte olje na srednjem ognju. Dodamo gobe, čebulo, zeleno in korenček; kuhajte in mešajte približno 5 minut oziroma dokler se zelenjava ne zmehča. Zmanjšajte toploto na nizko; dodamo naribana jabolka in česen. Kuhajte pokrito približno 5 minut ali dokler zelenjava ni zelo mehka. Odstranite z ognja; dodajte sredozemske začimbe.

2. Z žlico z režami prenesite mešanico gob v veliko skledo, maščobo pa prihranite v ponvi. Dodamo jajce, žajbelj in timijan. Dodamo mlete bizone in jagnjetino; rahlo premešamo. Mesno mešanico damo v 2-litrski pravokoten pekač; ki tvorijo pravokotnik 7 × 4 palcev. Pecite približno 1 uro ali dokler termometer s takojšnjim odčitavanjem ne pokaže 155° F. Pustite stati 10 minut. Mesno štruco previdno odstranimo in položimo na krožnik. Pokrijte in hranite na toplem.

3. Za omako iz ponve postrgajte maščobo in hrustljavo zapečene koščke iz pekača v prihranjeno maščobo v ponvi. Dodamo vino in šalotko. Na srednjem ognju zavremo; kuhamo, dokler se ne zmanjša za polovico. Dodamo govejo kostno juho; kuhamo in mešamo, dokler se ne zmanjša na polovico. Odstranite ponev z ognja.

4. Za serviranje razdelite pire sladki krompir na štiri krožnike; prelijte z nekaj česnove blitve. Rezina mesne štruce; Rezine razporedite po česnovi blitvi in jih pokapajte z omako.

Pire iz sladkega krompirja: Olupite in grobo narežite 4 srednje velike sladke krompirje. V velikem loncu kuhajte krompir v dovolj vrele vode, da pokrije 15 minut ali dokler se ne zmehča; odcediti Pretlačite s tlačilko za krompir. Dodajte ½ skodelice kreme iz indijskih oreščkov (glejterecept) in 2 žlici nerafiniranega kokosovega olja; pire do gladkega. Ostani topel.

Česnova blitva: Odstranite stebla z 2 šopkov blitve in jih zavrzite. Liste narežemo na velike kose. V veliki ponvi na srednjem ognju segrejte 2 žlici olivnega olja. Dodamo blitvo in 2 strta stroka česna; kuhajte, dokler se blitva ne zmehča, občasno premešajte s kleščami.

OMAKE BISON MESNE KROGLICE Z JABOLKI IN RIBEZOM Z BUČKAMI PAPPARDELLE

DOMAČA NALOGA:Pečemo 25 minut: Kuhamo 15 minut: 18 minut Dobitek: 4 porcije

MESNE KROGLICE BODO ZELO MOKREKO JIH OBLIKUJETE. DA SE VAM MESNA ZMES NE BI PRIJELA NA ROKE, IMEJTE PRI ROKI SKLEDO Z MRZLO VODO IN SI MED DELOM OBČASNO ZMOČITE ROKE. MED PRIPRAVO MESNIH KROGLIC VEČKRAT ZAMENJAJTE VODO.

MESNE KROGLICE

Olivno olje

½ skodelice grobo sesekljane rdeče čebule

2 stroka česna sesekljana

1 jajce, rahlo stepeno

½ skodelice drobno narezanih gob in pecljev

2 žlici sesekljanega svežega italijanskega (ploščati) peteršilja

2 žlici olivnega olja

1 funt mletega bizona (grobo zmlet, če je na voljo)

OMAKA IZ JABOLK IN RIBEZA

2 žlici olivnega olja

2 veliki jabolki Granny Smith, olupljeni, strženi in drobno narezani

2 sesekljani šalotki

2 žlici svežega limoninega soka

½ skodelice piščančje kostne juhe (glejrecept) ali nesoljene piščančje juhe

2 do 3 žlice posušenega ribeza

BUČKINE PAPARDELLE

6 bučk

2 žlici olivnega olja

¼ skodelice drobno sesekljanega drobnjaka

½ žličke zdrobljene rdeče paprike

2 stroka česna sesekljana

1. Za mesne kroglice segrejte pečico na 375° F. Pekač rahlo premažite z oljčnim oljem; dati na stran. Čebulo in česen zmešajte v kuhinjskem robotu ali mešalniku. Pulzirajte, dokler ni gladko. Mešanico čebule prenesite v srednje veliko skledo. Dodajte jajce, gobe, peteršilj in 2 žlički olja; premešajte, da se združi. Dodajte zemeljske bizone; rahlo, a dobro premešamo. Mesno mešanico razdelite na 16 delov; oblikujemo v mesne kroglice. Mesne kroglice enakomerno razporedite po pripravljenem pekaču. Pečemo 15 minut; dati na stran.

2. Za omako v ponvi na zmernem ognju segrejemo 2 žlici olja. Dodamo jabolka in šalotko; kuhajte in mešajte 6 do 8 minut ali dokler ni zelo mehka. Dodajte limonin sok. Mešanico prenesite v kuhinjski robot ali mešalnik. Pokrijte in obdelajte ali mešajte, dokler ni gladka; nazaj v ponev. Dodamo piščančjo kostno juho in ribez. Zavremo; zmanjšati vročino. Odkrito dušite 8 do 10 minut in pogosto mešajte. Dodajte mesne kroglice; kuhamo in mešamo na majhnem ognju, dokler se ne segreje.

3. Medtem za papardele odrežemo konce bučk. Bučke narežite na tanke trakove z zelo ostrim lupilcem za mandolino ali zelenjavo. (Če želite trakove ohraniti nedotaknjene, prenehajte z britjem, ko pridete do semen na sredini buče.) V zelo veliki ponvi segrejte 2 žlici olja na srednjem ognju. Dodamo čebulo, sesekljano rdečo papriko in česen; kuhamo in mešamo 30 sekund. Dodamo bučkine trakove. Kuhajte in nežno mešajte približno 3 minute ali dokler se ne zmehča.

4. Za serviranje razdelite pappardelle na štiri krožnike; vrh z mesnimi kroglicami in jabolčno omako.

BISON PORCINI BOLOGNESE S POPEČENIMI ČESNOVIMI ŠPAGETI

DOMAČA NALOGA:Kuhanje 30 minut: 1 ura Pečemo 30 minut: 35 minut Izkoristek: 6 obrokov

ČE STE MISLILI, DA STE JEDLIVAŠ ZADNJI KROŽNIK ŠPAGETOV Z MESNO OMAKO, KO STE SPREJELI PALEO DIET®, POMISLITE ZNOVA. TA BOGAT BOLOGNESE Z OKUSOM ČESNA, RDEČEGA VINA IN ZEMELJSKIH GOB JE POLN SLADKIH IN SLANIH PRAMENOV ŠPAGETOV. S TESTENINAMI NE BOSTE NITI ENKRAT ZGREŠILI.

1 unča posušenih gob

1 skodelica vrele vode

3 žlice ekstra deviškega oljčnega olja

1 funt mletega bizona

1 skodelica drobno sesekljanega korenja (2)

½ skodelice sesekljane čebule (1 srednja)

½ skodelice drobno sesekljane zelene (1 steblo)

4 stroki česna, sesekljani

3 žlice paradižnikove paste brez soli

½ skodelice rdečega vina

2 pločevinki paradižnika v pločevinkah brez dodane soli po 15 unč

1 čajna žlička zdrobljenega posušenega origana

1 čajna žlička sesekljanega posušenega timijana

½ čajne žličke črnega popra

1 srednja buča špageti (2½ do 3 funte)

1 čebulica česna

1. V majhni posodi zmešajte gobe in vrelo vodo; pustimo počivati 15 minut. Precedite skozi cedilo, obloženo z gazo iz 100 % bombaža, in prihranite tekočino za namakanje. Sesekljajte gobe; dati na stran

2. V 4- do 5-litrskem loncu segrejte 1 žlico oljčnega olja na zmernem ognju. Dodamo mlete bizone, korenje, čebulo, zeleno in česen. Kuhajte, dokler meso ne porjavi in zelenjava ni mehka, mešajte z leseno kuhalnico, da meso razdrobite. Dodajte paradižnikovo pasto; kuhamo in mešamo 1 minuto. Dodajte rdeče vino; kuhamo in mešamo 1 minuto. Dodajte gobe, paradižnik, origano, timijan in poper. Dodajte rezervirano tekočino iz gob, pri čemer pazite, da ne dodate peska ali peska, ki bi lahko bil prisoten na dnu posode. Zavremo, občasno premešamo; zmanjšajte toploto na nizko. Pokrito dušite 1½ do 2 uri ali do želene gostote.

3. Medtem segrejte pečico na 375°F. Bučo po dolžini prerežemo na pol; izpraskati semena. Polovico buče položite s prerezano stranjo navzdol v velik pekač. Z vilicami prebodemo celotno kožo. Odrežite zgornji del glave česna za ½ palca. Česen položite s prerezano stranjo navzgor v posodo, odporno na pečico, skupaj s bučo. Pokapljamo s preostalo žlico olivnega olja. Pečemo 35 do 45 minut oziroma dokler se buča in česen ne zmehčata.

4. Z žlico in vilicami odstranite in pretlačite meso iz vsake polovice buče; prenesite v skledo in pokrijte, da

ostane toplo. Ko je česen dovolj hladen za rokovanje, stisnite čebulo z dna, da odstranite stroke. Z vilicami pretlačimo stroke česna. Stisnjen česen stresemo v bučo in česen enakomerno razporedimo. Za serviranje bučno mešanico prelijemo z omako.

BISON CHILI CON CARNE

DOMAČA NALOGA:25 minut Čas kuhanja: 1 ura 10 minut
Dobitek: 4 porcije

ČOKOLADA, KAVA IN CIMET BREZ SLADKORJAPOVEČATI ZANIMANJE ZA TO PRISRČNO PRILJUBLJENO. ZA ŠE BOLJ DIMLJEN OKUS ZAMENJAJTE OBIČAJNO PAPRIKO Z 1 ŽLICO SLADKE PREKAJENE PAPRIKE.

3 žlice ekstra deviškega oljčnega olja

1 funt mletega bizona

½ skodelice sesekljane čebule (1 srednja)

2 stroka česna sesekljana

2 pločevinki po 14,5 unč brez dodane soli na kocke narezan paradižnik, neodcejen

16-unčna pločevinka nesoljene paradižnikove paste

1 skodelica juhe iz govejih kosti (glejrecept) ali nesoljeno govejo juho

½ skodelice močne kave

2 unči 99% kakavovih zrn, sesekljanih

1 žlica paprike

1 čajna žlička mlete kumine

1 čajna žlička posušenega origana

1½ žličke dimljene začimbe (glejrecept)

½ čajne žličke mletega cimeta

⅓ skodelice pepita

1 žlička olivnega olja

½ skodelice kreme iz indijskih oreščkov (glejterecept)

1 čajna žlička svežega limoninega soka

½ skodelice svežih listov koriandra

4 rezine limete

1. V ponvi na srednjem ognju segrejte 3 žlice oljčnega olja. Dodajte mlete bizone, čebulo in česen; kuhajte približno 5 minut ali dokler meso ne porjavi, mešajte z leseno žlico, da meso razdrobite. Dodajte neodcejene paradižnike, paradižnikovo pasto, govejo kostno juho, kavo, čokolado za pečenje, papriko, kumino, origano, 1 žličko pimenta in cimet. Zavremo; zmanjšati vročino. Pokrito dušimo 1 uro, občasno premešamo.

2. Medtem v majhni ponvi na zmernem ognju na 1 čajni žlički oljčnega olja prepražite pepitas, dokler ne začnejo pokati in porjaveti. V majhno skledo dajte bučna semena; dodajte preostali ½ čajne žličke dimljene začimbe; vreči nositi.

3. V manjši skledici zmešajte kremo iz indijskih oreščkov in limetin sok.

4. Za serviranje nalijte čili v sklede. Vrhnje porcije s kremo iz indijskih oreščkov, pepita in koriandrom. Postrezite z rezinami limete.

MAROŠKO ZAČINJENI BIZONOVI ZREZKI Z LIMONAMI NA ŽARU

DOMAČA NALOGA:Pečeno na žaru 10 minut: 10 minut
Dobitek: 4 porcije

POSTREZITE TE HITRE ZREZKES SVEŽO IN HRUSTLJAVO KORENČKOVO SOLATO Z ZAČIMBAMI (GLRECEPT). ČE ŽELITE POSLASTICO, ANANAS NA ŽARU S KOKOSOVO SMETANO (GLEJRECEPT) BI BIL ODLIČEN NAČIN ZA ZAKLJUČEK OBROKA.

2 žlici mletega cimeta

2 žlici paprike

1 žlica česna v prahu

¼ čajne žličke kajenskega popra

4 6-unčni zrezki bizonovega fileja mignon, narezani na ¾ do 1 palca debelo

2 limoni, vodoravno prerezani na pol

1. V majhni skledi zmešajte cimet, papriko, česen v prahu in kajenski poper. Zrezke osušite s papirnatimi brisačkami. Z začimbno mešanico natrite obe strani filejev.

2. Za žar na oglje ali plinski žar položite zrezke neposredno na žar na srednji ogenj. Pokrijte in pecite na žaru 10 do 12 minut za srednje velike (145°F) ali 12 do 15 minut za srednje velike (155°F) ter jih na polovici obrnite. Medtem položite polovice limon s prerezano stranjo navzdol na rešetko. Pecite na žaru

2 do 3 minute ali dokler rahlo ne zoglene in postane sočno.

3. Postrezite s polovičkami limon na žaru, ki jih potegnete čez zrezke.

BIZONOV ZREZEK, NASTRGAN S PROVANSALSKIMI ZELIŠČI

DOMAČA NALOGA:15 minut kuhanja: 15 minut praženja: 1 ura 15 minut počitka: 15 minut Izkoristek: 4 porcije

HERBES DE PROVENCE JE MESANICAPOSUSENIH ZELISC, KI RASTEJO V IZOBILJU V JUZNI FRANCIJI. MESANICA OBICAJNO VSEBUJE KOMBINACIJO BAZILIKE, SEMEN KOMARCKA, SIVKE, MAJARONA, ROZMARINA, ZAJBLJA, SETRAJA IN TIMIJANA. PRAV TA AMERISKA PECENKA JE ODLICNEGA OKUSA.

1 3-kilogramski pečen bizonov hrbet

3 žlice provansalskih zelišč

4 žlice ekstra deviškega oljčnega olja

3 stroke česna sesekljane

4 majhne pastinake, olupljene in narezane

2 zreli hruški, olupljeni in narezani

½ skodelice nesladkanega hruškovega nektarja

1 do 2 žlički svežega timijana

1. Pečico segrejte na 375° F. Z zrezka odrežite maščobo. V majhni skledi zmešajte provansalska zelišča, 2 žlici oljčnega olja in česen; natrite po celem zrezku.
2. Zrezek položite na rešetko v plitvi pekač. V sredino pečenke vstavite termometer za pečico. * Pražimo, nepokrito, 15 minut. Zmanjšajte temperaturo pečice na 300 °F. Pečemo še dodatnih 60 do 65 minut ali dokler termometer za meso ne pokaže 140 °F

(medium rare). Pokrijte z aluminijasto folijo in pustite stati 15 minut.

3. Medtem v veliki ponvi na srednjem ognju segrejte preostali 2 žlici oljčnega olja. Dodamo pastinak in hruške; kuhajte 10 minut ali dokler pastinak ne postane hrustljav, občasno premešajte. Dodajte hruškov nektar; kuhamo približno 5 minut oziroma dokler se omaka nekoliko ne zgosti. Potresemo s timijanom.

4. Zrezek narežemo na tanke rezine po žilah. Meso postrežemo s pastinakom in hruškami.

*Nasvet: Bizon je zelo pust in se skuha hitreje kot govedina. Poleg tega je barva mesa bolj rdeča kot govedina, zato se ne morete zanesti na vizualni indikator, da bi določili pečenost. Potrebujete termometer za meso, da boste vedeli, kdaj je meso pečeno. Termometer za pečico je idealen, vendar ni nujen.

V KAVI PANIRANA BIZONOVA REBRA Z GREMOLATO MANDARINE IN PIREJEM IZ KORENINE ZELENE

DOMAČA NALOGA:Čas kuhanja: 15 minut: 2 uri 45 minut
Dobitek: 6 obrokov

BIZONOVA REBRA SO VELIKA IN MESNATA.POTREBUJEJO DOBRO DOLGO KUHANJE V TEKOČINI, DA SE ZMEHČAJO. GREMOLATA IZ LUPINE MANDARINE OSVETLI OKUSE TE KREPKE JEDI.

MARINADA

2 skodelici vode

3 skodelice močne, hladne kave

2 skodelici svežega soka mandarin

2 žlici svežega rožmarina narezanega na trakove

1 čajna žlička grobo mletega črnega popra

4 funte težka bizonova rebra, prerezana med rebri, da se ločijo

DUŠIMO

2 žlici olivnega olja

1 žlička črnega popra

2 skodelici sesekljane čebule

½ skodelice sesekljane šalotke

6 sesekljanih strokov česna

1 jalapeño paprika, brez semen in narezana (glejtevitka)

1 skodelica močne kave

1 skodelica juhe iz govejih kosti (glejrecept) ali nesoljeno govejo juho

¼ skodelice paleo kečapa (glejterecept)
2 žlici dijonske gorčice (glejrecept)
3 žlice jabolčnega kisa
Pasta iz korenine zelene (glejrecept, Spodaj)
Tangerine Gremolata (glejrecept, pesmi)

1. Za marinado zmešajte vodo, hladno kavo, sok mandarin, rožmarin in črni poper v veliki nereaktivni posodi (stekleni ali iz nerjavečega jekla). Dodajte rebra. Po potrebi na rebra položite krožnik, da ostanejo potopljena. Pokrijte in postavite v hladilnik za 4 do 6 ur, prerazporedite in enkrat premešajte.

2. Pečico segrejte na 325 °F za enolončnico. Rebra odcedimo, marinado pa zavržemo. Zarebrnice osušite s papirnato brisačo. V veliki nizozemski pečici segrejte oljčno olje na srednje močnem ognju. Zarebrnice začinimo s črnim poprom. Pecite rebra v serijah, dokler ne porjavijo z vseh strani, približno 5 minut na serijo. Prenesite na velik krožnik.

3. V lonec dodajte čebulo, šalotko, česen in jalapeno. Zmanjšajte toploto na srednjo, pokrijte in kuhajte, dokler se zelenjava ne zmehča, občasno premešajte približno 10 minut. Dodajte kavo in juho; premešajte in postrgajte rjave koščke. Dodajte paleo kečap, dijonsko gorčico in kis. Zavremo. Dodajte rebra. Pokrijte in postavite v pečico. Kuhajte, dokler se meso ne zmehča, približno 2 uri in 15 minut, nežno mešajte in enkrat ali dvakrat prerazporedite rebra.

4. Prenesite rebro na krožnik; šotor z aluminijasto folijo za ohranjanje toplote. Z žlico odstranimo maščobo s

površine omake. Omako kuhajte, dokler se ne zmanjša na 2 skodelici, približno 5 minut. Pire korenine zelene razdelite na 6 krožnikov; vrh z rebrci in omako. Potresemo z mandarino Gremolata.

Pire iz korenine zelene: V velikem loncu zmešajte 3 funte korenine zelene, olupljene in narezane na 1-palčne kose, s 4 skodelicami juhe iz piščančjih kosti (glejterecept) ali nesoljene piščančje juhe. Zavremo; zmanjšati vročino. Odcedite koren zelene, juho pa prihranite. Korenino zelene vrnite v lonec. Dodajte 1 žlico oljčnega olja in 2 žlički sesekljanega svežega timijana. S stiskalnikom krompirja pretlačite korenino zelene in dodajte juho, nekaj žlic naenkrat, kolikor je potrebno, da dosežete želeno gostoto.

Tangerine Gremolata: V majhni skledi zmešajte ½ skodelice sesekljanega svežega peteršilja, 2 žlici drobno naribane lupine mandarine in 2 mleta stroka česna.

GOVEJA KOSTNA JUHA

DOMAČA NALOGA:25 minut praženja: 1 ura kuhanja: 8 ur Izkoristek: 8 do 10 skodelic

KOŠČENI VOLOVSKI REPI DAJEJO IZJEMNO BOGATO AROMATIZIRANO JUHOKI GA LAHKO UPORABITE V KATEREM KOLI RECEPTU, KI ZAHTEVA GOVEJO OSNOVO, ALI PA GA PREPROSTO UŽIVATE KOT RECEPT V SKODELICI KADARKOLI V DNEVU. MEDTEM KO SO PREJ PRIHAJALI IZ BIKA, VOLOVSKI REPI ZDAJ IZVIRAJO IZ MESNE ŽIVALI.

5 korenčkov, sesekljanih

5 stebel zelene, grobo narezanih

2 rumeni čebuli, neolupljeni, prepolovljeni

8 unč belih gob

1 strok česna, neolupljen, prerezan na pol

2 funta volovskega repa ali govedine

2 paradižnika

12 skodelic hladne vode

3 lovorjev listi

1. Pečico segrejte na 400° F. Na velik pekač ali plitek pekač položite korenje, zeleno, čebulo, gobe in česen; na zelenjavo položite kosti. Paradižnik obdelajte v kuhinjskem robotu do gladkega. Paradižnik razporedimo po kosteh, da jih prekrije (nič hudega, če nekaj pireja kaplja na ponev in zelenjavo). Pecite na žaru 1 do 1½ ure ali dokler kosti ne porjavijo in zelenjava karamelizira. Kosti in zelenjavo prenesite v 10- do 12-litrski lonec ali nizozemsko pečico. (Če kar

koli paradižnikove mešanice karamelizira na dnu ponve, dodajte 1 skodelico vroče vode v ponev in postrgajte koščke. S tekočino prelijte kosti in zelenjavo ter zmanjšajte količino vode za 1 skodelico.) .

2. Mešanico na srednje močnem ognju rahlo zavrite. Zmanjšajte toploto; pokrijte in med občasnim mešanjem dušite 8 do 10 ur.

3. Juho precedite; zavrzite kosti in zelenjavo. sveža juha; prenesite juho v posodo za shranjevanje in hranite v hladilniku do 5 dni; zamrzniti do 3 mesece. *

Navodila za počasno kuhanje: Za 6- do 8-litrski počasni kuhalnik uporabite 1 funt goveje kosti, 3 korenčke, 3 stebla zelene, 1 rumeno čebulo in 1 strok česna. Pretlačite 1 paradižnik in ga natrite čez kosti. Pečemo na žaru po navodilih, nato pa kosti in zelenjavo prestavimo v počasen kuhalnik. Postrgajte vse karamelizirane paradižnike po navodilih in jih dodajte v počasen kuhalnik. Dodajte toliko vode, da pokrije. Pokrijte in kuhajte na visoki temperaturi, dokler juha ne začne vreti, približno 4 ure. Zmanjšajte toploto na nizko; kuhamo 12 do 24 ur. Precedite juho; zavrzite kosti in zelenjavo. Shranjujte po navodilih.

*Namig: Če želite enostavno odstraniti maščobo iz juhe, jo čez noč hranite v zaprti posodi v hladilniku. Maščoba se bo dvignila na vrh in oblikovala debelo plast, ki jo je enostavno strgati. Po ohlajanju se lahko juha zgosti.

TUNIS ZAČINJENA SVINJINA S PIKANTNIM KROMPIRČKOM

DOMAČA NALOGA:Pražen 25 minut: Pečen 4 ure: 30 minut Izkoristek: 4 porcije

TO JE ODLIČNA JED ZA PRIPRAVONA HLADEN JESENSKI DAN. MESO SE PEČE ENO URO V PEČICI, TAKO DA VAŠA HIŠA ČUDOVITO ZADIŠI IN IMATE ČAS ZA DRUGE STVARI. PEČEN SLADKI KROMPIR NI HRUSTLJAV KOT BELI KROMPIR, JE PA NA SVOJ NAČIN OKUSEN, ŠE POSEBEJ, ČE GA POMOČIMO V ČESNOVO MAJONEZO.

SVINJINA

1 2½- do 3-kilogramska svinjska pečenka s kostmi

2 žlički mletega ancho čilija

2 žlički mlete kumine

1 čajna žlička semen kumine, rahlo mleta

1 žlička mletega koriandra

½ čajne žličke mlete kurkume

¼ žličke mletega cimeta

3 žlice oljčnega olja

KROMPIRJEV ČIPS

4 srednje veliki sladki krompirji (približno 2 funta), olupljeni in narezani na ½-palčne rezine

½ žličke zdrobljene rdeče paprike

½ žličke čebule v prahu

½ žličke česna v prahu

Olivno olje

1 čebula, drobno sesekljana

Paleo Aïoli (česnova majoneza) (glejrecept)

1. Pečico segrejte na 300° F. Z mesa odrežite maščobo. V majhni skledi zmešajte mleti ančo čili, mleto kumino, semena kumine, koriander, kurkumo in cimet. Meso potresemo z mešanico začimb; Meso enakomerno podrgnite s prsti.

2. Segrejte 1 žlico olivnega olja na srednje močnem ognju v 5- do 6-litrskem loncu, odpornem na pečico. Svinjino z vseh strani prepražimo na vročem olju. Pokrijte in pecite približno 4 ure ali dokler ni zelo mehko in termometer za meso ne pokaže 190° F. Odstranite Dutch oven iz pečice. Pustite pokrito stati, medtem ko pripravljate ocvrt krompirček in čebulo, pri čemer pustite 1 žlico maščobe v nizozemski pečici.

3. Povečajte temperaturo pečice na 400 °F. Za sladki krompir zmešajte sladki krompir v veliki skledi, nato pa 2 žlici oljčnega olja, zdrobljeno rdečo papriko, čebulo v prahu in česen v prahu; vreči nositi. En velik ali dva majhna pekača obložite s folijo; premažite z dodatnim oljčnim oljem. Sladki krompir razporedite v eni plasti na pripravljene pekače. Pecite približno 30 minut ali dokler se ne zmehča, pri čemer sladki krompir enkrat na polovici kuhanja obrnite.

4. Medtem odstranite meso iz nizozemske pečice; Pokrijte z aluminijasto folijo, da ostane toplo. Odcedite maščobo in prihranite 1 žlico maščobe. Prihranjeno maščobo vrnite nazaj v nizozemsko pečico. Dodajte čebulo; kuhajte na srednjem ognju približno 5 minut ali dokler se ne zmehča, občasno premešajte.

5. Prenesite svinjino in čebulo na servirni krožnik. Z dvema vilicama narežite svinjino na velike kose. Postrezite vlečeno svinjino in čips s Paleo Aïoli.

KUBANSKO SVINJSKO PLEČE NA ŽARU

DOMAČA NALOGA:15 minut Mariniranje: 24 ur Žar: 2 uri 30 minut Počitek: 10 minut Izkoristek: 6 do 8 porcij

V DRŽAVI IZVORA ZNAN KOT "LECHÓN ASADO",TA SVINJSKA PEČENKA JE MARINIRANA V MEŠANICI SVEŽEGA SOKA CITRUSOV, ZAČIMB, ZDROBLJENE RDEČE PAPRIKE IN CELIH STROKOV ČESNA. ČE GA KUHAMO NA VROČEM OGLJU, POTEM KO SMO GA ČEZ NOČ NAMAKALI V MARINADI, MU DAMO NEVERJETEN OKUS.

1 strok česna, ločen, olupljen in sesekljan

1 skodelica grobo sesekljane čebule

1 skodelica oljčnega olja

1⅓ skodelice svežega limoninega soka

⅔ skodelice svežega pomarančnega soka

1 žlica mlete kumine

1 žlica posušenega origana, zdrobljenega

2 žlički sveže mletega črnega popra

1 čajna žlička zdrobljene rdeče paprike

1 4- do 5-kilogramsko pečeno svinjsko pleče brez kosti

1. Za marinado glavice česna razdelite na stroke. Nageljnove žbice olupimo in sesekljamo; dajte v veliko skledo. Dodajte čebulo, olivno olje, limetin sok, pomarančni sok, kumino, origano, črni poper in zdrobljeno rdečo papriko. Dobro premešamo in shranimo.

2. Svinjsko pečenko z nožem za izkoščičevanje globoko prebodemo z vseh strani. Zrezek previdno položimo v

marinado in ga čim bolj potopimo v tekočino. Posodo tesno pokrijte s plastično folijo. Marinirajte v hladilniku 24 ur in enkrat obrnite.

3. Odstranite svinjino iz marinade. Marinado vlijemo v srednje veliko ponev. Zavremo; vreti 5 minut. Odstranite z ognja in pustite, da se ohladi. Dati na stran.

4. Za žar na oglje postavite oglje na srednji ogenj okoli ponve za zbiranje tekočine. Testirajte na srednjem ognju v ponvi. Meso položimo na rešetko za žar nad ponev. Pokrijte in pecite na žaru 2½ do 3 ure ali dokler termometer s takojšnjim odčitavanjem, vstavljen v sredino zrezka, ne pokaže 140 °F (Za plinske žare predhodno segrejte žar. Zmanjšajte toploto na srednjo. Prilagodite pečenemu mesu. Meso položite na rešetko za žar nad gorilnikom izklop Pokrijemo in specemo po navodilih.) Meso odstranimo z žara. Ohlapno pokrijte s folijo in pustite počivati 10 minut, preden ga razrežete ali vržete.

LODGE

PIKANTNA ITALIJANSKA SVINJSKA PEČENKA Z ZELENJAVO

DOMAČA NALOGA:20 minut pečenja: 2 uri 25 minut počitka: 10 minut Dobitek: 8 obrokov

"SVEŽE JE NAJBOLJŠE" JE DOBRA MANTRASLEDITI, KO GRE ZA KUHANJE VEČINO ČASA. SE PA POSUŠENA ZELIŠČA ODLIČNO OBNESEJO KOT PRELIV ZA MESO. KO SE ZELIŠČA POSUŠIJO, POSTANE OKUS BOLJ KONCENTRIRAN. KO PRIDEJO V STIK Z VLAGO V MESU, SPROSTIJO SVOJ OKUS V MESO, KOT PRI TEM ITALIJANSKEM ZREZKU Z OKUSOM PETERŠILJA, KOROMAČA, ORIGANA, ČESNA IN PEKOČE SESEKLJANE RDEČE PAPRIKE.

2 žlici sesekljanega posušenega peteršilja

2 žlici zdrobljenih semen komarčka

4 žličke zdrobljenega posušenega origana

1 čajna žlička sveže mletega črnega popra

½ žličke zdrobljene rdeče paprike

4 stroki česna, sesekljani

1 4-kilogramsko svinjsko pleče s kostmi

1 do 2 žlici oljčnega olja

1¼ skodelice vode

2 srednji čebuli, olupljeni in narezani na kolesca

1 velika čebulica koromača, obrežena, stržena in narezana na kolesca

2 funta brstičnega ohrovta

1. Pečico segrejte na 325° F. V majhni skledi zmešajte peteršilj, semena komarčka, origano, črni poper, zdrobljeno rdečo papriko in česen; dati na stran.

Svinjsko pečenko po potrebi zrahljamo. Odrežite maščobo z mesa. Z začimbno mešanico natrite meso z vseh strani. Po želji še enkrat popražimo, da se držijo skupaj.

2. V nizozemski pečici segrejte olje na srednje močnem ognju. Na vročem olju popečemo meso z vseh strani. Odcedite maščobo. Okoli zrezka nalijte vodo v nizozemsko pečico. Pečemo nepokrito 1 uro in pol. Čebulo in koromač razporedite po svinjski pečenki. Pokrijemo in pražimo še 30 minut.

3. Medtem porežemo stebla brstičnega ohrovta in odstranimo ovenele zunanje liste. Brstični ohrovt prerežemo na pol. Dodajte brstični ohrovt v nizozemsko pečico, plast na vrh druge zelenjave. Pokrijte in pecite na žaru dodatnih 30 do 35 minut oziroma dokler se zelenjava in meso ne zmehčata. Meso prestavimo na krožnik in pokrijemo s folijo. Pred rezanjem naj počiva 15 minut. Prelijte zelenjavo s sokom iz ponve. Zelenjavo položite na krožnik ali skledo z žlico; pokrijte, da ostane toplo.

4. Z veliko žlico odstranite maščobo iz sokov iz ponve. Morebitne preostale sokove iz ponve prelijte skozi cedilo. Svinjino narežemo, odstranimo kost. Meso postrezite z zelenjavo in sokom iz ponve.

SVINJSKI MOL V POČASNEM KUHALNIKU

DOMAČA NALOGA:20 minut počasnega kuhanja: 8 do 10 ur (nizko) ali 4 do 5 ur (visoko) Izkoristek: 8 obrokov

S KUMINO, KORIANDROM, ORIGANOM, PARADIŽNIKOM, MANDLJI, ROZINAMI, ČILIJEM IN ČOKOLADO,TA BOGATA IN OKUSNA OMAKA IMA VELIKO ZA TO, V DOBREM SMISLU. JE IDEALEN OBROK, KI GA ZAČNETE ZJUTRAJ, PREDEN SE ZAČNE DAN. KO PRIDETE DOMOV, JE VEČERJA SKORAJ PRIPRAVLJENA IN VAŠA HIŠA DIŠI ČUDOVITO.

1 3-kilogramsko pečeno svinjsko pleče brez kosti

1 skodelica grobo sesekljane čebule

3 stroki česna, narezani

1½ skodelice juhe iz govejih kosti (glejrecept), piščančja kostna juha (glejrecept) ali brez soljene piščančje ali goveje juhe

1 žlica mlete kumine

1 žlica mletega koriandra

2 žlički posušenega zdrobljenega origana

1 15-unčna pločevinka brez soli, dodana kocke narezanih paradižnikov, odcejena

1 6 unč nesoljene paradižnikove paste

½ skodelice narezanih mandljev, popečenih (glejvitka)

¼ skodelice nežveplanih rozin ali zlatega ribeza

2 unči nesladkane čokolade (kot so Scharffen Berger 99% kakavove ploščice), grobo narezane

1 posušen čili ali chipotle

2 4-palčne cimetove palčke

¼ skodelice svežega cilantra, sesekljanega
1 avokado, olupljen, brez semen in narezan na tanke rezine
1 limeta, narezana na kolesca
⅓ skodelice nesoljenih praženih zelenih bučnih semen (neobvezno) (glejtevitka)

1. Odrežite maščobo s svinjske pečenke. Če je potrebno, narežite meso, da se prilega v 5- do 6-litrski počasen kuhalnik; dati na stran.

2. V počasnem kuhalniku zmešajte čebulo in česen. V stekleni merilni skodelici z 2 skodelicami zmešajte juho iz govejih kosti, kumino, koriander in origano; vlije v lonec. Dodamo na kocke narezan paradižnik, paradižnikovo pasto, mandlje, rozine, čokolado, posušene čilije in cimetove palčke. Meso damo v lonec. Na vrh vlijemo nekaj paradižnikove mešanice. Pokrijte in kuhajte pri nizki temperaturi 8 do 10 ur ali pri visoki temperaturi 4 do 5 ur ali dokler se svinjina ne zmehča.

3. Prenesite svinjino na desko za rezanje; malo ohladite. Z dvema vilicama meso razrežite na koščke. Meso pokrijemo z aluminijasto folijo in shranimo.

4. Odstranite in zavrzite posušene čilije in cimetove palčke. Z veliko žlico odstranite maščobo iz paradižnikove mešanice. Paradižnikovo mešanico prenesite v mešalnik ali predelovalec hrane. Pokrijte in mešajte ali obdelajte, dokler ni skoraj gladka. Vrnite svinjino in omako v počasni kuhalnik. Pustite na toplem na majhnem ognju, dokler ni pripravljen za serviranje, do 2 uri.

5. Tik pred serviranjem dodajte koriander. Krto postrezite v skledicah in ga okrasite z rezinami avokada, krhlji limete in po želji z bučnimi semeni.

SVINJSKO-BUČNA ENOLONČNICA S KUMINO

DOMAČA NALOGA:30 minut kuhanja: 1 ura Dobitek: 4 porcije

GORČIČNO ZELENJE S POPROM IN BUČNO GORČICOTEJ ENOLONČNICI, ZAČINJENI Z VZHODNOEVROPSKIMI OKUSI, DODAJTE ŽIVAHNE BARVE IN KOPICO VITAMINOV TER VLAKNINE IN FOLNO KISLINO.

1 1¼ do 1½ funta pečenega svinjskega plečeta

1 žlica paprike

1 žlica drobno mletih semen kumine

2 žlički suhe gorčice

¼ čajne žličke kajenskega popra

2 žlici rafiniranega kokosovega olja

8 unč svežih gob, narezanih na tanke rezine

2 stebli zelene, prečno narezani na 1-palčne rezine

1 manjša rdeča čebula, narezana na tanke trakove

6 sesekljanih strokov česna

5 skodelic piščančje kostne juhe (glejrecept) ali nesoljene piščančje juhe

2 skodelici maslene buče, olupljene in narezane na kocke

3 skodelice grobo sesekljane gorčice ali zelene ogrčice

2 žlici svežega žajblja, narezanega na trakove

¼ skodelice svežega limoninega soka

1. Odrežite maščobo s svinjine. Svinjino narežite na 1½-palčne kocke; dajte v veliko skledo. V majhni skledi zmešajte papriko, semena kumine, suho gorčico in

kajenski poper. Čez potresemo svinjino in jo enakomerno premešamo.

2. V 4 do 5 litrski posodi segrejte kokosovo olje na zmernem ognju. Dodajte polovico mesa; kuhamo do rjave barve, občasno premešamo. Meso odstranite iz ponve. Ponovite s preostalim mesom. Shranite meso.

3. V nizozemsko pečico dodajte gobe, zeleno, rdečo čebulo in česen. Med občasnim mešanjem kuhamo 5 minut. Meso vrnite v nizozemsko pečico. Previdno prilijte juho iz piščančjih kosti. Zavremo; zmanjšati vročino. Pokrijte in na majhnem ognju kuhajte 45 minut. Dodajte bučo. Pokrijte in dušite dodatnih 10 do 15 minut ali dokler se svinjina in buča ne zmehčata. Dodajte gorčično zelenje in žajbelj. Kuhajte 2 do 3 minute ali dokler se zelenjava ne zmehča. Dodajte limonin sok.

VRHNJI ZREZEK, POLNJEN S SADJEM Z ŽGANO OMAKO

DOMAČA NALOGA:30 minut kuhanja: 10 minut praženja: 1 ura in 15 minut počitka: 15 minut Izkoristek: 8 do 10 porcij

TA ČUDOVITA PEČENKA JE KOT NALAŠČ ZAPOSEBNA PRILOŽNOST ALI DRUŽINSKO SREČANJE, ZLASTI JESENI. NJENI OKUSI (JABOLKO, MUŠKATNI OREŠČEK, SUHO SADJE IN OREŠČKI) ZAJAMEJO BISTVO TISTE SEZONE. POSTREZITE S PIREJEM IZ SLADKEGA KROMPIRJA BRUSNIC IN SOLATO IZ PEČENE PESE (GLRECEPT).

OCVRTO

1 žlica oljčnega olja

2 skodelici olupljenih in narezanih jabolk Granny Smith (približno 2 srednji)

1 drobno sesekljana šalotka

1 žlica svežega timijana, narezanega na trakove

¾ čajne žličke sveže mletega črnega popra

⅛ čajne žličke mletega muškatnega oreščka

½ skodelice sesekljanih suhih marelic brez žvepla

¼ skodelice sesekljanih orehov, opečenih (glejvitka)

1 skodelica piščančje kostne juhe (glejrecept) ali nesoljene piščančje juhe

1 3-kilogramski pečen svinjski hrbet brez kosti brez kosti (en hrbet)

OMAKA IZ ŽGANJA

2 žlici jabolčnega soka

2 žlici žganja

1 čajna žlička dijonske gorčice (glejrecept)

sveže mlet črni poper

1. Za nadev v veliki ponvi na srednjem ognju segrejte olivno olje. Dodajte jabolka, šalotko, timijan, ¼ čajne žličke popra in muškatni oreščček; kuhajte 2 do 4 minute ali dokler se jabolka in šalotka ne zmehčajo in rahlo porjavijo, občasno premešajte. Dodajte marelice, orehe in 1 žlico juhe. Odkrito kuhajte 1 minuto, da se marelice zmehčajo. Odstranite z ognja in odstavite.

2. Pečico segrejte na 325° F. Svinjsko pečenko zarežite tako, da zarežete sredino pečenke po dolžini in zarežete ½ palca z druge strani. Zrezek razprite. Vstavite nož v V-rez, ga obrnite vodoravno na eno stran od V-ja in odrežite ½ palca od strani. Ponovite na drugi strani V. Zrezek razprostrite in pokrijte s plastično folijo. Delajte od sredine proti robom, zrezek udarite s kladivom za meso, dokler ni debel približno ¾ palca. Odstranite in zavrzite plastično folijo. Nadev premažemo po zrezku. Začnite s krajšo stranjo in zrezek zvijte v spiralo. Na več mestih zavežite s kuhinjsko vrvico iz 100 % bombaža, da bo zrezek držal skupaj. Zrezek potresemo s preostalo ½ čajne žličke popra.

3. Zrezek položite na rešetko v plitvi pekač. V sredino zrezka (ne nadeva) vstavite termometer za pečico. Pecite nepokrito 1 uro 15 minut do 1 uro 30 minut ali dokler termometer ne pokaže 145 °F. Odstranite zrezek in ga ohlapno pokrijte s folijo; pred rezanjem naj počiva 15 minut.

4. Medtem za žgano omako stresite preostalo osnovo in jabolčnik v maščobo iz ponve ter mešajte, da postrgate morebitne rjave koščke. Precedite maščobo v srednje veliko ponev. Zavremo; kuhajte približno 4 minute oziroma dokler se omaka ne zredči za tretjino. Dodajte žganje in dijonsko gorčico. Začinite po okusu z dodatnim poprom. Omako postrežemo k svinjski pečenki.

SVINJSKA PEČENKA NA NAČIN PORCHETTA

DOMAČA NALOGA:15 minut Mariniranje: Počitek čez noč: 40 minut Pečenje: 1 ura Dobitek: 6 obrokov

ITALIJANSKA TRADICIONALNA PORCHETTA(V AMERIŠKI ANGLEŠČINI VČASIH NAPISANO PORKETTA) JE ODOJEK BREZ KOSTI, POLNJEN S ČESNOM, KOROMAČEM, POPROM IN ZELIŠČI, KOT STA ŽAJBELJ ALI ROŽMARIN, NATO PA NAREZAN NA NABODALA IN PEČEN NA LESU. OBIČAJNO JE TUDI ZELO SLAN. TA PALEO RAZLIČICA JE POENOSTAVLJENA IN ZELO OKUSNA. ČE ŽELITE, ŽAJBELJ NADOMESTITE S SVEŽIM ROŽMARINOM ALI UPORABITE KOMBINACIJO OBEH ZELIŠČ.

1 2- do 3-kilogramski pečen svinjski hrbet brez kosti

2 žlici semen komarčka

1 žlička črnega popra v zrnu

½ žličke zdrobljene rdeče paprike

6 sesekljanih strokov česna

1 žlica drobno naribane pomarančne lupinice

1 žlica svežega žajblja, narezanega na trakove

3 žlice oljčnega olja

½ skodelice suhega belega vina

½ skodelice piščančje kostne juhe (glejrecept) ali nesoljene piščančje juhe

1. Svinjsko pečenko vzamemo iz hladilnika; Pustite na sobni temperaturi 30 minut. Medtem v majhni ponvi pražite semena komarčka na zmernem ognju, pogosto mešajte, približno 3 minute ali dokler ne postanejo

temne barve in dišijo; hladno. Prenesite v čisti mlinček za začimbe ali kavni mlinček. Dodamo poprova zrna in mleto rdečo papriko. Mleta do srednje fine konsistence. (Ne meljite v prah.)

2. Pečico segrejte na 325° F. V majhni skledi zmešajte zdrobljene začimbe, česen, pomarančno lupino, žajbelj in olivno olje, da dobite testo. Svinjsko pečenko položite na rešetko v manjši pekač. Zmes vtrite po svinjini. (Če želite, začinjeno svinjino položite v stekleni pekač velikosti 9 x 13 x 2 palcev. Pokrijte s plastično folijo in čez noč postavite v hladilnik, da se marinira. Pred kuhanjem meso prenesite v pekač in pustite 30 minut pri sobni temperaturi, vendar je kuhano..)

3. Svinjino pecite 1 do 1½ ure ali dokler termometer s takojšnjim odčitavanjem, vstavljen v sredino pečenke, ne pokaže 145°F. Pečenko prenesite na desko za rezanje in ohlapno pokrijte z aluminijasto folijo. Pred rezanjem pustite stati 10 do 15 minut.

4. Medtem nalijte sok iz ponve v stekleno merilno skodelico. Odrežite maščobo od zgoraj; dati na stran. Ponev postavite na gorilnik štedilnika. V ponev vlijemo vino in piščančjo osnovo. Zavremo na srednje močnem ognju in mešamo, da postrgamo vse rjave koščke. Pustite vreti približno 4 minute oziroma dokler se mešanica nekoliko ne zredči. Vmešajte rezervirane sokove; Pritisk. Svinjino narežemo na rezine in postrežemo z omako.

OCVRTI SVINJSKI FILE S PARADIŽNIKOM

DOMAČA NALOGA:40 minut pečenja: 10 minut kuhanja: 20 minut pečenja: 40 minut stati: 10 minut za: 6 do 8 obrokov

TOMATILLOS IMA LEPLJIVO, SIRASTO PLASTPOD NJIHOVO PAPIRNATO KOŽO. PO ODSTRANITVI KOŽE JIH NA HITRO SPLAKNEMO POD TEKOČO VODO IN PRIPRAVLJENI SO ZA UPORABO.

1 funt paradižnika, olupljen, stržen in opran

4 paprike serrano, brez pecljev, semen in prerezane na pol (glejtevitka)

2 jalapeños, brez sredice, semen in prerezan na pol (glejvitka)

1 velika rumena paprika brez pecljev, semen in prerezana na pol

1 velika pomarančna paprika brez pecljev, semen in prerezana na pol

2 žlici olivnega olja

1 2 do 2½ funta pečenega svinjskega hrbta brez kosti

1 velika rumena čebula, olupljena, prepolovljena in na tanke rezine narezana

4 stroki česna, sesekljani

¾ skodelice vode

¼ skodelice svežega limetinega soka

¼ skodelice svežega cilantra, sesekljanega

1. Žar segrejte na visoko temperaturo. Pekač obložite z aluminijasto folijo. Paradižnike, papriko serrano, jalapeños in papriko razporedite po pripravljenem pekaču. Pecite zelenjavo 4 cm od toplote, dokler dobro ne zogleni, občasno obrnite paradižnike in

odstranite zelenjavo, ko zoglene, 10 do 15 minut. Serrano, jalapeños in paradižnik dajte v skledo. Sladko papriko položimo na krožnik. Zelenjavo odstavimo, da se ohladi.

2. V veliki ponvi na srednje močnem ognju segrejte olje, dokler ne zasveti. Svinjino osušite s čistimi papirnatimi brisačami in dodajte v ponev. Pecite, dokler dobro ne porjavi z vseh strani, zrezek obrnite, da se enakomerno zapeče. Zrezek prestavimo na krožnik. Ogenj zmanjšajte na srednje. Dodajte čebulo v ponev; kuhajte in mešajte 5 do 6 minut ali dokler ne postanejo zlato rjave barve. Dodajte česen; kuhajte še 1 minuto. Odstranite ponev z ognja.

3. Pečico segrejte na 350° F. Za omako tomatillo zmešajte paradižnike, serranos in jalapeños v kuhinjskem robotu ali mešalniku. Pokrijte in mešajte ali obdelajte do gladkega; dodajte čebulo v ponev. Ponovno segrejte ponev. Zavremo; kuhajte 4 do 5 minut ali dokler zmes ni temna in gosta. Dodajte vodo, limonin sok in koriander.

4. Paradižnikovo omako razporedite v plitvo ponev ali 3-litrski kvadratni pekač. Pečeno svinjino damo v omako. Dobro pokrijemo z aluminijasto folijo. Pečemo 40 do 45 minut ali dokler termometer s takojšnjim odčitavanjem, vstavljen v sredino pečenke, ne pokaže 140 °F.

5. Sladko papriko narežemo na trakove. V ponev dodajte kečap. Shranjujte ohlapno zavite v folijo; pustimo počivati 10 minut. Narežite meso; premešamo omako.

Postrezite narezano svinjino, izdatno prelito s tomatillo omako.

SVINJSKI FILE, POLNJEN Z MARELICAMI

DOMAČA NALOGA:20 minut cvrtja: 45 minut počitka: 5 minut Izkoristek: 2 do 3 porcije

2 srednje veliki sveži marelici, grobo narezani

2 žlici rozin brez žvepla

2 žlici sesekljanih orehov

2 žlički naribanega svežega ingverja

¼ žličke mletega kardamoma

1 12 unč svinjskega fileja

1 žlica oljčnega olja

1 žlica dijonske gorčice (glejrecept)

¼ žličke črnega popra

1. Pečico segrejte na 375 ° F. Pekač obložite z aluminijasto folijo; na pekač postavite rešetko za pečenje.

2. V majhni skledi zmešajte marelice, rozine, orehe, ingver in kardamom.

3. Na sredini svinjine po dolžini zarežite zarezo, zarežite ½ palca z druge strani. metuljasta odprtina Svinjino položite med dve plasti folije za živila. S ploščato stranjo kladiva za meso rahlo pretlačite meso, dokler ni debelo 1/2 palca. Upognite konec repa, da naredite enakomeren pravokotnik. Meso rahlo potolčemo, da dobimo enakomerno debelino.

4. Marelično mešanico razporedite po svinjini. Začnite na ozkem koncu in zvijte svinjino. Zavežite s kuhinjsko vrvico iz 100 % bombaža, najprej na sredini, nato pa v intervalih po 1 cm. Zrezek položite na rešetko.

5. Zmešajte olivno olje in dijonsko gorčico; premažite zrezek. Pečeno potresemo s poprom. Pečemo 45 do 55 minut ali dokler termometer s takojšnjim odčitavanjem, vstavljen v sredino pečenke, ne pokaže 140° F. Pustite stati 5 do 10 minut pred rezljanjem.

SVINJSKI FILE Z ZELIŠČNO SKORJICO S HRUSTLJAVIM ČESNOVIM OLJEM

DOMAČA NALOGA:15 minut praženje: 30 minut kuhanje: 8 minut počitek: 5 minut Izkoristek: 6 obrokov

⅓ skodelice dijonske gorčice (glejrecept)

¼ skodelice sesekljanega svežega peteršilja

2 žlici svežega timijana, narezanega na trakove

1 žlica svežega rožmarina, narezanega na trakove

½ čajne žličke črnega popra

2 12 unč svinjskih filejev

½ skodelice oljčnega olja

¼ skodelice mletega svežega česna

¼ do 1 čajna žlička zdrobljene rdeče paprike

1. Pečico segrejte na 450 ° F. Pekač obložite z aluminijasto folijo; na pekač postavite rešetko za pečenje.

2. V majhni skledi zmešajte gorčico, peteršilj, timijan, rožmarin in črni poper, da dobite pasto. Po vrhu in straneh svinjine razporedite mešanico gorčice in zelišč. Svinjino prenesite na žar, da se zapeče. Pečeno postavite v pečico; znižajte temperaturo na 375°F. Pečemo 30 do 35 minut ali dokler termometer s takojšnjim odčitavanjem, vstavljen v sredino pečenke, ne pokaže 140°F. Pustite stati 5 do 10 minut pred rezljanjem.

3. Medtem za česnovo olje v majhni ponvi zmešajte olivno olje in česen. Kuhajte na zmernem ognju 8 do 10 minut ali dokler česen ne postane zlato rjav in začne

hrustljati (ne pustite, da se česen zažge). Odstranite z ognja; dodamo mleto rdečo papriko. Svinjino narežemo; rezine pred serviranjem prelijemo s česnovim oljem.

INDIJSKA ZAČINJENA SVINJINA S KOKOSOVO OMAKO

ZAČETEK DO KONCA:20 minutni izkupiček: 2 obroka

3 čajne žličke karija v prahu

2 čajni žlički garam masale brez soli

1 čajna žlička mlete kumine

1 žlička mletega koriandra

1 12 unč svinjskega fileja

1 žlica oljčnega olja

½ skodelice navadnega kokosovega mleka (kot je znamka Nature's Way)

¼ skodelice svežega cilantra, sesekljanega

2 žlici sesekljane sveže mete

1. V majhni skledi zmešajte po 2 čajni žlički karija, garam masale, kumine in koriandra. Svinjino narežite na ½-palčne rezine; potresemo z začimbami. .

2. V večji ponvi segrejte olivno olje na zmernem ognju. Dodajte svinjske rezine v ponev; kuhajte 7 minut in enkrat obrnite. Odstranite svinjino iz ponve; pokrijte, da ostane toplo. Za omako v ponev dodajte kokosovo mleko in žličko karija v prahu ter premešajte, da postrgate morebitne koščke. Na majhnem ognju kuhamo 2 do 3 minute. Dodajte koriander in meto. Dodajte svinjino; kuhamo, dokler se ne segreje, svinjino prelijemo z omako.

SVINJSKI SKALOPINI Z JABOLKI IN ZAČINJENIM KOSTANJEM

DOMAČA NALOGA:20 minut kuhanja: 15 minut Dobitek: 4 porcije

2 12 unč svinjskih filejev

1 žlica čebule v prahu

1 žlica česna v prahu

½ čajne žličke črnega popra

2 do 4 žlice oljčnega olja

2 jabolki Fuji ali Pink Lady, olupljeni, strženi in grobo narezani

¼ skodelice drobno sesekljane šalotke

¾ žličke mletega cimeta

⅛ čajne žličke mletih nageljnovih žbic

⅛ čajne žličke mletega muškatnega oreščka

½ skodelice piščančje kostne juhe (glejrecept) ali nesoljene piščančje juhe

2 žlici svežega limoninega soka

½ skodelice pečenega olupljenega kostanja, sesekljanih* ali sesekljanih orehov

1 žlica svežega žajblja, narezanega na trakove

1. Pufne narežite na ½ palca debele rezine. Svinjske rezine položite med dve plasti plastične folije. Z gladko stranjo kladiva za meso pretlačite do gladkega. Rezine potresemo s čebulo v prahu, česnom v prahu in črnim poprom.

2. V veliki ponvi na srednjem ognju segrejte 2 žlici oljčnega olja. Svinjino kuhajte v serijah 3 do 4 minute,

enkrat obrnite in po potrebi dodajte olje. Prenesite svinjino na krožnik; pokrijte in hranite na toplem.

3. Ogenj povečajte na srednje visoko. Dodamo jabolka, šalotko, cimet, nageljnove žbice in muškatni oreščék. Kuhajte in mešajte 3 minute. Dodamo juho iz piščančjih kosti in limonin sok. Pokrijte in kuhajte 5 minut. Odstranite z ognja; dodamo kostanj in žajbelj. Postrezite jabolčno mešanico čez svinjino.

*Opomba: Za pečenje kostanja pečico segrejte na 400°F. Na eni strani kostanjeve lupine zarežite X. To bo omogočilo, da se lupina med staranjem zrahlja. Kostanj položite na pekač in pecite 30 minut oziroma dokler se lupina ne odlepi od oreha in se oreščki ne zmehčajo. Pečen kostanj zavijemo v čisto kuhinjsko krpo. Olupite rumeno-bele lupine in olupite orehe.

OCVRTI SVINJSKI FAJITAS

DOMAČA NALOGA:Čas kuhanja: 20 minut: 22 minut
Dobitek: 4 porcije

1 funt svinjske fileje, narezan na 2-palčne trakove

3 žlice začimbe fajita brez soli ali mehiške začimbe (glejterecept)

2 žlici olivnega olja

1 majhna čebula, drobno sesekljana

½ rdeče paprike, brez semen in narezane na tanke rezine

½ sladke pomarančne paprike, brez semen in narezane na tanke rezine

1 jalapeño, pecelj in narezan na tanke rezine (glejvitka) (Neobvezno)

½ žličke kuminovih semen

1 skodelica na tanko narezane sveže gobe

3 žlice svežega limoninega soka

½ skodelice svežega cilantra, narezanega na trakove

1 avokado, olupljen in narezan na kocke

Prednostna omaka (glejrecepti)

1. Svinjino potresemo z 2 žlicama začimbe fajita. V zelo veliki ponvi segrejte 1 žlico olja na srednje močnem ognju. Dodajte polovico svinjine; kuhajte in mešajte približno 5 minut ali dokler ni več rožnata. Meso prestavimo v skledo in pokrijemo, da ostane toplo. Ponovite s preostalim oljem in svinjino.

2. Nastavite toploto na srednje. Dodajte 1 žlico začimbe fajita, čebulo, papriko, jalapeno in kumino. Kuhajte in mešajte približno 10 minut oziroma dokler se

zelenjava ne zmehča. Vse meso in nabrani sok vrnite v ponev. Dodamo gobe in limonin sok. Kuhajte, dokler se ne segreje. Odstranite ponev z ognja; dodajte koriander. Postrežemo z avokadom in zeleno omako.

SVINJSKI FILE S PORTINO IN SUHIMI SLIVAMI

DOMAČA NALOGA:10 minut cvrtje: 12 minut počitek: 5 minut Izkoristek: 4 porcije

PORTOVEC JE VELIKODUŠNO VINO,KAR POMENI, DA SE DODA ŽGANJE, PODOBNO ŽGANJU, DA SE USTAVI PROCES FERMENTACIJE. TO POMENI, DA VSEBUJE VEČ OSTANKOV SLADKORJA KOT RDEČE NAMIZNO VINO IN JE ZATO SLAJŠEGA OKUSA. TO NI NEKAJ, KAR BI ŽELELI PITI VSAK DAN, A MALO KUHANJA OBČASNO PRIDE PRAV.

2 12 unč svinjskih filejev

2½ žličke mletega koriandra

¼ žličke črnega popra

2 žlici olivnega olja

1 šalotka, narezana

½ skodelice portovca

½ skodelice piščančje kostne juhe (glejrecept) ali nesoljene piščančje juhe

20 suhih sliv (šved.)

½ žličke zdrobljene rdeče paprike

2 žlički svežega pehtrana narezanega na trakove

1. Pečico segrejte na 400°F. Svinjino potresite z 2 žličkama cilantra in črnim poprom.
2. V veliki ponvi, odporni na pečico, segrejte olivno olje na srednje močnem ognju. V ponev dodamo fileje. Kuhajte, dokler ne porjavi z vseh strani, tako da enakomerno porjavi, približno 8 minut. Pekač postavimo v pečico. Pecite na žaru, nepokrito,

približno 12 minut ali dokler termometer s takojšnjim odčitavanjem, vstavljen v sredino zrezkov, ne pokaže 140 °F. Reznice prenesite na desko za rezanje. Rahlo pokrijte s folijo in pustite počivati 5 minut.

3. Medtem za omako odcedite maščobo iz ponve in prihranite 1 žlico. Šalotko kuhajte v prihranjeni maščobi v ponvi na zmernem ognju približno 3 minute oziroma dokler ni zlato rjava in mehka. Dodajte pristanišče v ponev. Zavremo in mešamo, da postrgamo vse rjave koščke. Dodajte juho iz piščančjih kosti, suhe slive, zdrobljeno rdečo papriko in preostalo ½ čajne žličke cilantra. Kuhajte na srednje močnem ognju, da se rahlo zmanjša, približno 1 do 2 minuti. Dodamo pehtran.

4. Svinjino narežemo na rezine in postrežemo s suhimi slivami in omako.

SVINJSKE MESNE KROGLICE V STILU MOO SHU NA SOLATI S HITRO VLOŽENO ZELENJAVO

ZAČETEK DO KONCA:45 minut: 4 porcije

ČE STE JEDLI TRADICIONALNO MOO SHU JEDV KITAJSKI RESTAVRACIJI VESTE, DA JE TO SLAN MESNI IN ZELENJAVNI NADEV, POSTREŽEN NA TANKIH PALAČINKAH S SLADKO SLIVOVO ALI HOISIN OMAKO. TA LAŽJA, SVEŽA PALEO RAZLIČICA VSEBUJE SVINJINO, BOK CHOY IN GOBE ŠITAKE, PREPRAŽENE Z INGVERJEM IN ČESNOM, POSTREŽEMO PA JO NA ZAVITKIH ZELENE SOLATE S HRUSTLJAVO VLOŽENO ZELENJAVO.

VLOŽENA ZELENJAVA

1 skodelica konzerviranega korenja

1 skodelica redkvice daikon

¼ skodelice sesekljane rdeče čebule

1 skodelica nesladkanega jabolčnega soka

½ skodelice jabolčnega kisa

SVINJINA

2 žlici oljčnega olja ali rafiniranega kokosovega olja

3 jajca, rahlo stepena

8 unč svinjskega fileja, narezanega na trakove velikosti 2 × ½ palca

2 žlički sesekljanega svežega ingverja

4 stroki česna, sesekljani

2 skodelici tanko narezanega zelja napa

1 skodelica na tanke rezine narezanih gob šitake

¼ skodelice na tanko narezane rdeče čebule

8 listov bostonske solate

1. Za hitro kumarico v veliki skledi zmešajte korenje, daikon in čebulo. Za slanico segrevajte jabolčni sok in kis v ponvi, dokler se para ne dvigne. Zelenjavo v skledi prelijemo s slano vodo; Pokrijte in ohladite do serviranja.

2. V veliki ponvi na srednje močnem ognju segrejte 1 žlico olja. Jajca rahlo stepemo z metlico. Dodajte jajca v ponev; kuhamo, brez mešanja, dokler se osnova ne strdi, približno 3 minute. S gibljivo lopatko jajce nežno obrnite in specite še na drugi strani. Odstranite jajce iz ponve in ga položite v skledo.

3. Ponovno segrejte ponev; dodajte preostalo 1 žlico olja. Dodajte svinjske trakce, ingver in česen. Kuhajte in mešajte na srednje močnem ognju približno 4 minute ali dokler svinjina ni več rožnata. Dodamo zelje in gobe; kuhajte in mešajte približno 4 minute oziroma dokler zelje ne oveni, gobe niso mehke in svinjina ni kuhana. Odstranite ponev z ognja. Kuhano jajce narežemo na trakove. Nežno vmešajte jajčne trakove in mlado čebulo v mešanico svinjine. Postrezite na solatnih listih in prelijte z vloženo zelenjavo.

SVINJSKI KOTLETI Z MAKADAMIJO, ŽAJBLJEM, FIGAMI IN PIREJEM SLADKEGA KROMPIRJA

DOMAČA NALOGA:15 minut Čas kuhanja: 25 minut
Dobitek: 4 porcije

V KOMBINACIJI S SLADKIM PIRE KROMPIRJEM,TI SOČNI KOTLETI Z ŽAJBLJEVO SKORJICO SO POPOLN JESENSKI OBROK, KI SE HITRO SESTAVI, ZARADI ČESAR SO POPOLNI ZA NAPORNE NOČI MED TEDNOM.

4 svinjski kotleti brez kosti, narezani na 1¼ palca debelo

3 žlice svežega žajblja, narezanega na trakove

¼ žličke črnega popra

3 žlice olja makadamije

2 funta sladkega krompirja, olupljenega in narezanega na 1-palčne kose

¾ skodelice sesekljanih orehov makadamije

½ skodelice sesekljanih suhih fig

⅓ skodelice goveje kostne juhe (glejrecept) ali nesoljeno govejo juho

1 žlica svežega limoninega soka

1. Svinjske kotlete na obeh straneh potresemo z 2 žlicama žajblja in poprom; drgnite s prsti. V veliki ponvi na srednjem ognju segrejte 2 žlici olja. Dodajte kotlete v ponev; kuhajte 15 do 20 minut ali dokler ni končano (145 °F), pri čemer jih na polovici kuhanja enkrat obrnite. Prenesite kotlete na krožnik; pokrijte, da ostane toplo.

2. Medtem v veliki ponvi zmešajte sladki krompir in dovolj vode, da pokrijete. Zavremo; zmanjšati vročino. Pokrito dušimo 10 do 15 minut oziroma toliko časa, da se krompir zmehča. Krompir odcedimo. Krompirju dodamo preostalo jedilno žlico olja makadamije in zmečkamo do kremastega stanja; obdrži toplo

3. Za omako v ponev dodamo makadamije; kuhamo na srednjem ognju, dokler ne popečemo. Dodamo suhe fige in preostalo žlico žajblja; kuhajte 30 sekund. V ponev dodajte juho iz govejih kosti in limonin sok ter premešajte, da postrgate rjave koščke. Svinjske kotlete prelijemo z omako in postrežemo s sladkim pire krompirjem.

CPSIA information can be obtained
at www.ICGtesting.com
Printed in the USA
LVHW080553230223
740172LV00016B/1270

9 781837 528899